Amar a Missa

A Espiritualidade do Mistério Eucarístico

Pe. FERDINANDO MANCILIO, C.Ss.R.

Amar a Missa

A Espiritualidade do Mistério Eucarístico

EDITORA
SANTUÁRIO

Direção editorial:	Pe. Fábio Evaristo R. Silva, C.Ss.R.
	Pe. José Luís Queimado, C.Ss.R.
Conselho editorial:	Cláudio Anselmo Santos Silva, C.Ss.R.
	Edvaldo Manoel Araújo, C.Ss.R.
	Ferdinando Mancilio, C.Ss.R.
	Gilberto Paiva, C.Ss.R.
	Marco Lucas Tomaz, C.Ss.R.
	Victor Hugo Lapenta, C.Ss.R.
Coordenação editorial:	Ana Lúcia de Castro Leite
Copidesque:	Sofia Machado
Revisão:	Luana Galvão
Diagramação:	Mauricio Pereira
Capa:	Silas Abner

Dados Internacionais de Catalogação na Publicação (CIP) de acordo com ISBD

M269a Mancilio, Ferdinando

Amar a missa: a espiritualidade no mistério eucarístico / Ferdinando Mancilio. - Aparecida: Editora Santuário, 2022.
72 p. ; 14cm x 21cm.

Inclui índice.
ISBN 978-65-5527-158-4
ISBN 978-65-5527-178-2 (e-book)

1. Religião. 2. Cristianismo. 3. Missa. 4. Eucaristia. I. Título.

2021-4531 CDD 264.3
CDU 265.3

Elaborado por Odilio Hilario Moreira Junior - CRB-8/9949

Índice para catálogo sistemático:
1. Missa: 264.3
2. Missa: 265.3

2ª impressão

Rua Pe. Claro Monteiro, 342 – 12570-045 – Aparecida-SP
Tel.: 12 3104-2000 – Televendas: 0800 - 0 16 00 04
www.editorasantuario.com.br
vendas@editorasantuario.com.br

SUMÁRIO

APRESENTAÇÃO

Ao assumir refletir sobre um tema tão importante e tão denso, impus-me um desafio e, mesmo sabendo de sua implicância, achei por bem pelo menos buscar um caminho dentro deste tema proposto: "A Espiritualidade no Mistério Eucarístico". Perceba que estou dizendo *"**no** mistério eucarístico" e não "**do** mistério eucarístico"*, pois quem pode adentrar tão grande mistério? Assim, o que foi possível dizer recorda a imensidão, a grandeza e a beleza desse inefável mistério, de que podemos participar todos os dias, se quisermos, graças aos meios de comunicação, que transmitem a Celebração Eucarística.

O desejo foi elaborar algo muito simples, mas sem se subtrair da grandeza de tudo o que celebramos em torno do altar, fazendo memória da Páscoa de Cristo.

Espero e desejo que você possa enriquecer-se um pouco mais em sua fé e participar da Eucaristia com mais penhor e alegria, compreendendo ao mesmo tempo a grandeza e a simplicidade do Deus, que continua a se revelar a nós em cada Eucaristia.

A primeira descoberta do cristão deve ser a do Evangelho. Não como "letra", mas como ESPÍRITO, como VIDA, como INTERIORIDADE divina, pois o Evangelho é a interioridade do Cristo. O Tempo Pascal nos faz, de fato, mergulhar na interioridade de Jesus, pois aí está a plenitude de nossa fé: a ressurreição de Cristo.

A título de exemplo, lembramos a passagem da quinta-feira da segunda semana da Páscoa: Jo 3,31-36. Esse trecho mostra-nos o Cristo falando intensamente de si mesmo, portanto, de sua interioridade. Evidentemente, há outros trechos claros nessa perspectiva da interioridade divina.

Um momento que precisa ser lembrado: quando olhamos para o Cristo, pela vida que nos oferece e nasce de seu interior, somos levados a pensar em "nossa interioridade", ou seja, em como tratamos as coisas de Deus e a nós mesmos. Claro, sem amor a nós mesmos é mais difícil nos redescobrir. Não precisamos ter uma "super autoestima", mas a "baixa autoestima" pode ser dispensada. Portanto precisamos ter equilíbrio para nos encontrarmos conosco e com Deus.

A essa realidade chamamos Espiritualidade. Esse termo é de difícil definição, pois pode ser percebido sob várias dimensões da vida. E aqui, neste livro, definimos esse termo **Espiritualidade** como ser guiado pelo Espírito Santo, redescobrindo o sentido da vida e do amor divino. Com essa definição, não estamos preocupados com o que vão dizer ou possam dizer os teólogos. Aqui o objetivo é reconhecermos o amor infinito de Deus por nós e cultivá-lo, de um modo que possa transbordar de nós mesmos.

Nesse sentido da **interioridade** como a vida de Deus em nós, é bom lembrarmos a realidade da encarnação do Verbo eterno do Pai, no meio de nós, nascido da Virgem Maria. O evangelista João nos diz que "o Senhor armou sua tenda entre nós":

> "No princípio já existia a Palavra,
> e a Palavra estava com Deus,
> e a Palavra era Deus...
> a Palavra se fez homem
> e armou sua tenda entre nós" (Jo 1,1.14).

Certamente, poderia haver uma expressão dessa verdade dita de outro modo: "... a Palavra se fez homem e armou sua tenda em nós". A força do "**em**" parece-me muito mais pertinente do que a do "**entre nós**". Podemos estar "**entre nós**" e não nos conhecermos. Podemos viver a Vida Religiosa "**entre nós**" e não nos conhecermos, pois está somente "**entre nós**" e não "**em nós**"; assim não conhecemos ou muito pouco sabemos da história do outro. Como podemos conviver com quem ainda não conhecemos e amar essa pessoa? Viver no amor de Cristo não significa viver de forma justaposta.

Para o que nos propomos aqui, que é a descoberta e redescoberta da Espiritualidade e a Mística, que nascem da Eucaristia, é muito mais adequado e lógico dizer que o "Senhor se fez homem e armou sua tenda em nós".

1

ADENTRAR NO ESPÍRITO DE CRISTO

Deixar-se guiar pelo Mistério!

"Nós oferecemos o culto movidos
pelo Espírito de Deus e
baseamos nossa glória em Cristo Jesus, em vez de
colocarmos nossa confiança em nós mesmos."
(Fl 3,3)

1. Reunidos no Senhor

A Comunidade unida para celebrar realiza uma reunião festiva. Vimos de vários lugares e várias famílias, e ali nos encontramos em um só corpo para celebrarmos o mistério salvífico. Não é, portanto, por acaso que nos reunimos, pois há algo mais profundo que nos leva e conduz para dentro do mistério: é o espírito de Cristo.

Ao **fazer o sinal da cruz**, aquele que preside lembra-nos que a comunhão que realizamos é comunhão com a Trindade, em que reinam um só amor, um só coração. Essa comunhão de irmãos já se manifesta na procissão inicial, acompanhada pelo canto de abertura, trazendo o sentido para o ato que vamos realizar. Lembra-nos também o quanto Deus caminha com seu povo, adentra sua história. Ao passar pelo meio do povo, essa procissão significa unir para junto de si ou para dentro da celebração toda esperança, todas perspectivas e dificuldades do povo de Deus reunido no Cristo Senhor. Portanto essa procissão inicial não é jamais para receber, acolher o celebrante, concelebrantes e demais que a compõem. Não! Aliás, há "animadores" destituídos desse sentido e dizem até coisas pouco confortáveis para o momento. Esse momento não é de imaginação, é de celebração do mistério presente de Cristo Redentor. Portanto procissão inicial é já liturgia propriamente dita, por isso mesmo o cântico inicial só poderá dizer sobre o que irá celebrar (é triste o músico usar seu critério e não o da liturgia para os cânticos da missa! Quanta dissonância e "curto-circuito" litúrgico!).

> Oração: Senhor, nós vos bendizemos por vossa bondade, que nos permite nos reunir em Comunidade e celebrar a certeza de vosso amor. Despertai-nos sempre e ainda mais, para que sejamos mais unidos, mais fraternos e dispostos a vosso serviço de amor. Amém.

2. Súplica da misericórdia (Pedir perdão!)

A Comunidade reunida é aberta, é plural, é heterogênea. Aqui já aparece com clareza o belo sentido celebrativo. O amor do Pai, dado a nós em seu Filho Jesus, não se restringe a um grupo distinto, mas àqueles que se reúnem em conformidade com o amor do Pai: somos uma família reunida no amor. É o foco da saudação inicial.

Esse amor não é algo platônico, mas real, por isso temos de perceber o irmão, a irmã que chegam para estar na mesma união, no mesmo amor. Quando contemplamos o rosto, a face de quem está junto de nós participando no mesmo ato, ali se manifesta o rosto de Cristo. Aquele que reza, canta e se encanta é a presença do próprio Cristo.

Por isso, quando rezamos o Ato Penitencial, estamos pedindo perdão pelo não reconhecimento da presença de Cristo no irmão, na irmã. O Ato Penitencial é momento sublime, pois, além de relembrarmos as muitas misericórdias do Senhor para conosco, na História da Salvação de outrora e de agora, pedimos essa mesma misericórdia divina por não contemplarmos a face de Cristo na face dos irmãos e das irmãs. Todo pecado é negação do amor, é recusa, é barreira, é imposição de nosso "eu", em vez da abertura que nos oferecem a fé, o amor, a misericórdia. Desconsiderar o outro é o maior pecado, é negacionismo do amor divino.

É bom recordar aqui que o Ato Penitencial não é para pedir perdão de "coisas e fatos", mas celebrar a certeza da misericórdia do Senhor para conosco. Isso é o essencial, por isso, quando feito com profundidade de fé, realiza-se de fato a misericórdia do Senhor. Não precisamos de invenções, mas sim de consciência do que celebramos.

Portanto reunir-se em um ato celebrativo, sem uma fé real, verdadeira, ou no sentido de quem quer buscar essa verdade e viver autenticamente o amor, não tem sentido celebrar. É o que Jesus nos diz sobre a necessidade de "reconciliar-se primeiro com o irmão" ou consigo mesmo. Portanto a inércia, a passividade geram um clima letárgico e promotor de aborrecimentos. Se não nos esforçarmos para sairmos dessa inércia, será melhor não participarmos.

VIVIFICAR A FÉ

O encontro da Comunidade para a celebração é **uma reunião festiva**, pois somos ali a Família de Deus. Saímos de nossas casas, de lugares diversos, para nos encontrarmos como irmãos e irmãs. É o Senhor quem nos convoca para esse encontro. Ele é o mistério a ser celebrado, ou seja, ali percebemos seu imenso amor por nós. É necessário cuidar para que as palavras não venham contrapor o sentido do mistério que celebramos, pois, caso sejam usadas de forma inadequada, não ajudam no sentido festivo da fé, por exemplo, na procissão inicial para acolher celebrante e demais. Isso não existe, é distúrbio litúrgico.

Devemos, sim, sentirmo-nos na comunhão da Trindade expressa no **sinal da cruz** e na **saudação presidencial**, que vem carregada da manifestação amorosa de Deus por seu povo: "A graça de nosso Senhor Jesus Cristo, o amor do Pai e a comunhão do Espírito Santo estejam convosco – Bendito seja Deus que nos reuniu no amor de Cristo!" É o amor de Cristo, amor da Trindade Santa que nos reúne em torno do altar, mistério de nossa salvação.

Assim confessamos nossa fé em Jesus Cristo, nosso Senhor, centro de nossa vida e da Igreja – estamos reunidos em seu Nome.

Podemos contar sempre com o amor misericordioso do Senhor para conosco, seu povo. Somos sempre necessitados da misericórdia divina. O prepotente ou autossuficiente renega essa verdade, tão necessária e que nos traz vida e liberdade.

Celebrar o Ato Penitencial, recordando as muitas misericórdias divinas, é alento para nós humanos, tão fracos e inconstantes. É belo, muito belo dizer: "Senhor, tende piedade de nós", "Cristo, tende piedade de nós". É um entrelaçamento de humildade, de confiança e de certeza do amor-perdão do Senhor. Isso nos dá plena liberdade e paz interior. Aliás, quanta perturbação interior podemos ter, se nos falta a confiança no Senhor!

Completa-se a verdade desse amor misericordioso, quando ouvimos o sacerdote suplicar, também por ele, como criatura necessitada de misericórdia: "Deus tenha compaixão de nós, perdoe nossos pecados e nos dê a plenitude da vida, a vida eterna", pois só nele está a plena realização da criatura humana. A misericórdia nos recompõe, refaz-nos, aqui e agora, e nos traz também, agora e no futuro, a plenitude da vida.

Precisamos descobrir e redescobrir em cada Eucaristia principalmente o quanto o Senhor é misericordioso para conosco, o quanto deseja que sejamos libertados e vivamos com alegria a vida, dom de seu amor.

Esse é o reconhecimento que devemos ter cada vez que celebramos o Ato Penitencial. Não precisamos multiplicar palavras ou querer inovar, mais importante é compreender o que estamos celebrando: penetrar o mistério do amor misericordioso do Pai em Cristo. Só na misericórdia podemos viver a plena comunhão de amor, que proclamamos no início da missa, na saudação presidencial.

Cristo reconcilia a todos, "judeus e cristãos; ocidentais e orientais, desta ou daquela profissão de fé...", pois Ele derruba as barreiras que nos separam uns dos outros (Ef 2,11-14). Ele é o Senhor de misericórdia. Não importa quem se aproxima da Comunidade, ainda mais em tempos de pluralidade, de liberdade de escolha e de incontáveis possibilidades; ao cristão cabe apenas acolher, venha de onde vier, pois somos todos chamados à comunhão, a "formar um só corpo" – até pedimos na anáfora que "sejamos reunidos pelo Espírito em um só corpo" (Rm 10,1; 1Cor 10,13; Gl 3,28, Ef 2,19; Cl 3,11; Ap 5,9). Portanto é grande o mistério de amor que celebramos no Ato Penitencial, que nos torna menos indignos para participar da celebração eucarística.

Oração: Senhor, obrigado por vossa misericórdia, que nos resgata para a vida e nos dá mais vigor no serviço de vosso Reino. A certeza de que vós nos acolheis de novo nos faz fiéis e decididos na vivência da fé e no cumprimento do ensinamento de Cristo, vosso Filho. Amém.

3. Hino cristológico (Hino de Louvor, ou Glória!)

Santo Irineu, ou Irineu de Lyon, afirmou que "a glória de Deus é o homem vivificado; e a vida do homem é ver a Deus". Em nossas celebrações, não podem ficar esquecidos nem o ser humano nem o mundo em que habitamos, pois necessitamos da Liturgia, da celebração da fé. Não podemos ter uma visão errônea da glória de Deus, separando-a da redenção e da libertação do ser humano e de toda a criação. Não podemos querer uma Liturgia que "olha" para o céu e se esquece de "olhar" a realidade do mundo criado por Deus. O ser humano e a criação inteira aguardam ansiosamente a redenção. É preciso, pois, vivificar a Liturgia, pois nós precisamos dela, mesmo que Deus não precise.

Devemos, pois, compreender que o Hino de Louvor é um **Hino Cristológico**, ou seja, o centro de todo esse louvor é a

pessoa de Cristo. É em Cristo que estão nossa redenção e a de toda a criação. Em Cristo manifestamos toda a glória de Deus, nosso louvor ao Senhor; Ele merece nosso louvor. Em Cristo somos vivificados e, praticando o bem e a bondade, manifestamos a glória de Deus, como nos lembrou Santo Irineu. São Leão Magno deixou bem claro para nós essa participação na glória de Deus: "O Criador deseja ver-se refletido em sua criatura, e Deus deseja ver reproduzida sua imagem no espelho do coração humano, mediante a imitação que tu realizas das obras divinas. Não ficará frustrada a fé dos que assim agem; teus desejos tornar-se-ão realidade e gozarás eternamente daquilo que é objeto de teu amor" (Leão Magno, Sermão 95,7).

VIVIFICAR A FÉ

É possível compreender e guardar no coração o quanto é belo o Hino de Louvor, pois é em Cristo que louvamos o Pai e agradecemos nos ter dado o Redentor. O Cristo veio das entranhas do Pai, do mais íntimo de seu ser e se fez Homem entre nós. Nele está a libertação integral do ser humano. O Hino de Louvor é um hino de resgate do ser humano para a vida, eleva-nos à condição real de filhos e filhas de Deus, em Cristo.

Assim no Hino de Louvor, que pode ser rezado ou cantado, mas não inventado, faz-nos voltar para a interioridade do Pai, que em Cristo nos ofertou, na gratuidade de seu amor, nossa salvação. É em Cristo que está nossa redenção, por isso terminamos o Hino de Louvor dizendo: "Só vós sois o Santo, só vós, o Senhor, só vós, o Altíssimo, Jesus Cristo, com o Espírito Santo, na glória de Deus Pai. Amém".

Nossos pequenos atos em cada dia, atos de bondade, de misericórdia, de ternura, juntam-se ao Hino de Louvor da Eucaristia, pois tudo é transformado em Cristo. Se caminhamos com o pensamento sempre voltado para o bem, para a justiça, para a solidariedade, para o acolhimento, o perdão, a ajuda mútua, tudo isso se torna louvor ou bendição ao Pai em Cristo. Por isso o Hino de Louvor é cristocêntrico, pois é somente nele que tudo ganha sentido, a vida e nossas atitudes. Cultivar ódio, vingança, atitudes desonestas ou injustas é opor-se inteiramente ao desejo e ao projeto de Cristo – assim não há o que louvar!

Desse modo, em cada Eucaristia de que participamos, levamos conosco nosso louvor ao Senhor, que, se juntado aos louvores de nossos irmãos, nesse encontro festivo da fé, torna-se de fato um Hino de Louvor em Cristo, que, no canto ou na prece, chega até o coração do Pai.

Oração: Senhor, nós vos bendizemos e vos louvamos por vossa imensa bondade. Vós nos destes vosso Filho, que veio armar sua tenda em nossa existência e lembrou-nos do quanto somos vossos filhos, pois vosso amor nos faz existir e nos alegrar nesta vida. Amém.

2

LITURGIA DA PALAVRA

O Senhor dialoga com seu povo!

"Bem-aventurada assembleia, aquela da qual
a Escritura testemunha
que 'os olhos de todos estavam fixos nele.'"
(Orígenes; Lc 4,20)

1. A PALAVRA DO SENHOR – Verbum Domini

A Palavra, o Verbo, o Cristo encarnado saiu das entranhas do Pai e veio para o meio da humanidade. Ele é a PALAVRA ENCARNADA, Palavra que é Pessoa, Deus e Homem! A iniciativa do amor do Pai o fez nos enviar seu Filho, estabelecendo-se assim a nova e eterna Aliança com seu povo. Cristo veio cumprir todas as promessas do Pai. Assim, o Pai dá-se a conhecer por meio de seu Filho, por isso sabemos que Ele é misericórdia e amor infinitos.

Na Celebração Eucarística, temos dois momentos fundantes, duas partes essenciais, porém, há um só Culto. São partes distintas, mas uma única celebração.

A **Liturgia da Palavra** é o primeiro e indispensável rito celebrativo. *Leituras, Salmo Responsorial, Evangelho, Profissão de Fé e Preces da Comunidade* são partes integrantes de um só momento ou de um mesmo e único rito.

É conveniente já lembrar que todos esses momentos são e devem ser realizados na Mesa da Palavra, pois são integrantes. Fazer as **Preces da Comunidade** em outro lugar é destoar, dessincronizar o ritmo celebrativo. As Preces são integrantes da Liturgia da Palavra. A minimização ou o desconhecimento podem ferir o ritmo e o sentido da Celebração.

Foi Deus quem tomou a iniciativa de **DIALOGAR** com a humanidade por meio de sua Palavra.

a) A Palavra na Comunidade

A Sagrada Escritura nos traz **duas passagens** belas e importantes, para compreendermos o momento da leitura da Palavra na Liturgia Eucarística:

1. Neemias e Esdras (Ne 8,1-12): O povo ouviu atentamente o **Livro da Lei**, alegrou-se intensamente, festejou o Senhor, que lhe falara amorosamente. A Palavra foi acolhida, tocou no coração dos ouvintes, que entoaram com alegria ação de graças, diante das maravilhas que o Senhor fez a seu povo.

2. Jesus na sinagoga de Nazaré (Lc 4,16-21): Abriu o livro do profeta Isaías, leu-o para todos na sinagoga, para no final poder dizer: "Hoje se cumpriu esse trecho da Escritura que acabaram de ouvir".

Não iremos aqui explanar esses dois trechos bíblicos, mas já se pode perceber e sentir o quanto a PALAVRA é importante para a Comunidade reunida no Senhor, tanto no Antigo como no Novo Testamento. O ápice é o próprio Cristo Jesus, a Palavra viva e presente entre nós, Palavra realizada, cumprida.

3. A Comunidade reunida no Senhor: Temos tantos momentos para ouvir a Palavra, fundamentalmente quando participamos da "Celebração Eucarística" ou da "Celebração da Palavra", pois nem sempre a Comunidade poderá ter a "Celebração Eucarística". Não basta apenas ouvir com respeito, a Palavra tem de produzir seus frutos em nós. A força da Palavra é a transformação de uma Comunidade. Quando a Palavra tem, de fato, seu lugar em nós, tudo torna-se muito diferente. Ainda precisamos progredir muito no sentimento e no acolhimento da Palavra do Senhor.

b) A Palavra no coração

A *Sacrosanctum Concilium*, no n. 7 e n. 33, deixa-nos muito claro que "é Ele (Cristo) que fala quando na Igreja se lê a Sagrada Escritura", e que "na Liturgia é Deus que fala a seu povo, e Cristo anuncia ainda o Evangelho". Torna-se claro, portanto, que a Palavra de Deus dentro da Igreja dá o sentido claro da fé na assembleia eclesial reunida. A Comunidade reunida como Igreja é o lugar onde Deus nos fala por excelência e por intermédio de seu Filho Jesus.

É preciso ter claro que vivemos no pós-pascal, pós-ressurreição de Cristo, e é com esse olhar da fé que precisamos ouvir e acolher a Palavra de Deus, tanto na Comunidade, como no âmbito pessoal.

Quando reconhecemos que na Palavra é o próprio Senhor que está falando a nós, muda muito nossa atitude. Se Deus fala, devemos escutar, pois aí estão nosso bem e nossa salvação. Portanto Palavra não é coisa ou objeto, é uma Pessoa. Deus nos fala ao coração, e assim devemos proceder ao nos falarmos mutuamente: ter o coração cheio de misericórdia, de bondade, acolhimento... Para o hebreu, o coração é o lugar de todos os sentimentos, os bons sentimentos, principalmente.

Veja como é bonito o que nos diz R. Bornert, em "Les comentaires byzantins de la Divine liturgie du VII au XV siècle", Paris, 1966, p. 29: "Ele mesmo (Cristo) é o livro que teve como pergaminho a carne e como escritura o Verbo do Pai... O livro maior é o Filho encarnado". Jesus é a Palavra viva do Pai entre nós.

É preciso compreender esse mistério do Deus, que se revela a nós por intermédio de seu Filho Jesus. Ele só pode mesmo ser amado e escutado. Fazemos isso?

c) A Palavra na ação

Há algum tempo, havia um cântico que assim nos lembrava: "Palavra não foi feita para dividir ninguém; Palavra é uma ponte, onde o amor vai e vem". Poesia cheia de realismo. O amor é dinâmico, e, sendo a Palavra fruto do amor do Senhor por nós, ela só pode provocar em mim, em nós, na Comunidade-Igreja esse dinamismo do amor que vai e que vem; que vem e que vai. No caminho do amor, não há mão única.

"O Pai nos falou de vários modos... agora nos falou nesses últimos tempos por seu Filho, a quem constituiu herdeiro de tudo e por quem igualmente criou o mundo" (Hb 1,1-2).

A vocação do cristão é para viver a Palavra de modo encarnado, ser o "livro maior encarnado" na história e no tempo de agora. Há debates inúteis, querendo que a Igreja seja deste modo (conforme concepções e ideias pessoais), pois trata-se de viver a Palavra dentro da realidade em que vivemos; mas Jesus nos pede sermos sal, luz, fermento no seio da sociedade humana. Será que somos isso?

A ação do cristão é sua resposta à Palavra ouvida, para ajudar a transformar o mundo e tornar presente o Reino aqui e agora. Não se pode crer na Palavra e não assumi-la na realidade do mundo. Não é Palavra de Deus autêntica se não estiver embrenhada na história do mundo.

Como aconteceu a História da Salvação? Deus fez a História da Salvação junto das pessoas e de sua realidade. Não há uma Igreja que escute a Palavra e viva no "mundo da lua". A Igreja autêntica de Cristo se embrenha no emaranhado das relações humanas.

d) Convocados – Chamados

A Palavra nos chama, é voz incessante a ressoar entre nós, quiçá em nosso coração; é o anúncio divino ao coração humano. Feliz quem a acolhe, pois ela produzirá seus frutos, como a terra fecundada pela chuva.

"Oxalá ouvísseis hoje sua voz. Não endureçais vossos corações como em Meriba aquele dia" (discordância com os preceitos divinos). Quando abraçamos de fato a Palavra de Deus, ela começa a fazer parte de nossa vida, como alimento necessário e indispensável. A Palavra me ensina a viver a vida no mundo. Não é para ficarmos repetindo-a sem critério algum, dizendo que produz seus efeitos por si só. Não! A Palavra produz seus frutos por meio de mim, por meio da Comunidade reunida em Cristo, Palavra viva do Pai.

Também descobrimos e redescobrimos nossos valores, nossos dons e os colocamos a serviço do bem, a serviço do Reino.

e) Fruto por Excelência

A Palavra nos faz SERVIR na gratuidade, como serviu o próprio Cristo. A essência da caridade, portanto, da Palavra é o SERVIR com amor. O Concílio Vaticano II nos ensina que "Cristo está presente em sua Palavra. É Ele que fala quando se leem as Escrituras", na Igreja, na Comunidade **(SC 7 e 23)**. Assim, se o Cristo nos amou, Ele nos serviu na gratuidade de seu amor; só podemos seguir seus passos depois de ouvirmos sua Palavra.

f) O Mistério Salvífico

A Palavra nos ajuda a penetrar no mistério de nossa salvação. Contemplando e meditando a Palavra, compreendemos o desígnio divino de nossa salvação, desígnio salvífico-libertador, que provém da Palavra do Senhor.

A Sagrada Escritura inteira mostra-nos como Deus foi fazendo a História da Salvação junto de seu povo, até chegar a nós a Pessoa de Cristo: "Na plenitude dos tempos, reunir todas as coisas, sob uma só cabeça, o Cristo Jesus" (Ef 1,10; Cl 1,10).

g) Proclamar a Palavra

Cuidar do anúncio da Palavra é cuidar da fé, do Reino, da vida da humanidade, em que Deus manifesta seu amor. O Leitor não é "**um profissional da Palavra**". Para exercer esse Ministério deve, em primeiro lugar e acima de tudo, estar consciente dele. Não é o mais importante, é apenas um colaborador (a) do Reino. É exercício batismal, e a Palavra deve ser anunciada sempre como um acontecimento novo, sem igual, que não se repete.

Por isso proclamar a Palavra é um exercício ministerial muito sério e exigente. Por causa da verdade que se proclama nos encontros eclesiais, não se pode simplesmente chamar as pessoas para "fazerem a Leitura". Elas precisam estar bem preparadas para esse serviço, sem jamais se esquecerem que o anúncio é feito a uma assembleia, a um povo reunido. Jamais poderão faltar as exigências mínimas desse Ministério.

Não tenhamos medo de compreender, de meditar, de esforçar-nos para viver a **Palavra do Senhor**. Foi assim com os discípulos. Cristo teve uma "louca paciência" com eles. Foram progredindo aos poucos, até o ponto de Jesus lhes dizer que "agora não podiam entender direito, só iriam compreender bem depois que viesse o Paráclito, que Ele enviaria de junto do Pai". Como é belo isso, e esse é o jeito de Jesus para conosco também! Porém não podemos ficar na inércia, pois se caminha dando passos; o caminho se faz caminhando. Busquemos na Palavra, que nos dá a fé e converte nosso coração, a profundidade do mistério eucarístico que celebramos como Igreja. Participar da Eucaristia é bendizer, ouvir, agradecer, louvar, e prosseguir mais profundamente no caminho e nos valores do Reino.

É preciso **REVESTIR-SE** da Palavra do Senhor – como nos revestimos todos os dias com nossas roupas – para estar sempre envolvido por ela. A Palavra do Senhor não é nem pode ser um "penduricalho" em nossa vida. Impregnarmo-nos do sentido que ela nos traz e que nos faz pertencer ao Reino deixa-nos vinculados à Pessoa de Jesus, e não a teorias ou filosofias. Basta compreendermos o que o evangelista João nos ensina:

> "Permanecei em mim e eu permanecerei em vós. Como o ramo não pode dar fruto por si mesmo, se não permanecer na videira, assim também vós não podereis dar fruto, se não permanecerdes em mim" (Jo 15,4).

Assim, **revestir-se** continuamente da Palavra do Senhor é saber viver a história no tempo de agora, carregada de sentido de **transcendência**, de superação e de luz nessa mesma realidade. Cristo, com a Igreja, sacramento do Reino, continua a fazer a História da Salvação, misturada na história dos homens e das mulheres. Perceber os **sinais dos tempos** nos lembra a Igreja, justamente porque é na realidade do tempo que percebemos, vemos, sentimos a presença salvífica do Senhor.

VIVIFICAR A FÉ

Como viver a Palavra proclamada na Comunidade reunida no Senhor? Há vários modos, porém uma única fonte. Ao beber dessa fonte, não é possível anunciar e viver senão a única verdade: o Evangelho de Cristo.

O Evangelho será sempre a resposta de que precisamos para nossas perguntas; ele nos ajuda a olhar e compreender a história no tempo de agora. PALAVRA não foi feita para ficar exposta ao léu, nem no meio das nuvens, mas sim no meio de nós e em cada coração humano. A Palavra quer fazer sua morada em nós. É esse o desejo do próprio Cristo.

Alimentar-se da Palavra do Senhor na Liturgia é revigorar-se na força da fé e da missionariedade. Deus está nos falando aqui e agora, como povo da nova Aliança, continuadores da História da Salvação. Sim, como Igreja que somos, o Senhor conta conosco e espera nossa colaboração para anunciarmos os valores do Reino, no tempo e na história de agora. Os valores do Reino são sempre a Boa-Notícia! O Espírito Divino nos guia nesse caminho e nos leva à pertença do Reino e à santidade.

Oração: Senhor, nosso Deus, vós nos revelais vosso desígnio para a humanidade, por meio de vosso Filho Jesus, vossa Palavra viva e encarnada entre nós. Vivendo nossa vida, vosso Filho nos ensinou o jeito certo de vivermos e alcançarmos a salvação. Ajudai-nos como cristãos e como vossa Igreja a vivermos com alegria e intensidade o Evangelho de Cristo, e assim saciarmos nossa sede de vida e de salvação, pois só em vós encontramos a plenitude de tudo o que desejamos e esperamos. Acolhei-nos, Senhor, e ajudai-nos a viver firmemente vosso ensinamento, que encontramos em vossa Palavra. Amém.

Antes de continuarmos nossa reflexão, julgo de importância fundamental compreendermos duas dimensões pertinentes na Liturgia: O "***Ministério do Leitorado***" e o "***Si-***

lêncio orante". Não vou chegar à exaustão desses temas, pois desejo apenas apontá-los como muito importantes e que não podem ficar esquecidos. A Liturgia é feita por pessoas e com pessoas, por isso é preciso alguns cuidados.

MINISTÉRIO DO LEITORADO. Na Liturgia da Palavra, há um Ministério importante que é o do Leitorado! É preciso compreender essa função ministerial, pois ela está intrinsecamente fundada na Palavra do Senhor. É preciso olhar com mais pertinência e intensidade esse Ministério, mas no momento só será possível expor uma centelha de sua importância.

Não basta simplesmente "querer ser Leitor", é preciso ter certas condições para exercer esse Ministério, que não podem ser negligenciadas.

É necessário que o Leitor esteja consciente de sua função ministerial, só assim poderá exercer bem seu ofício. É ele que *faz presente na assembleia a Palavra viva do Senhor.* E isso é um conhecimento único, que não se repete. É preciso, pois, para realizar bem esse Ministério, ter a mínima condição humana para exercê-lo, conforme as exigências necessárias.

Além da condição humana, *a técnica* também tem um papel fundamental nesse ministério. Seguem, de forma sucinta, alguns requisitos técnicos necessários para exercer bem esse ministério:

Vocalização: cuidar da voz, pronunciar bem cada palavra, cada sílaba.

Regulação: regular o tom da voz, pois a assembleia precisa ouvir com clareza. Aqui é necessário observar a tonalidade que se dá a cada expressão, ao sentido da palavra, pois haverá as palavras que exigirão ênfase, além do estilo literário que precisa ser observado.

Ritmo: dar ritmo à Leitura, não ler correndo nem lentamente, ou com floreios indevidos. Por isso o texto traz vírgula, ponto final, exclamação, interrogação; a pontuação regula, de fato, o sentido do texto.

Modulação: estar atento às variações de modulação, que dependem do estilo literário, e o Leitor precisa saber qual é. Se não souber, precisa pedir ajuda necessária...

Postura: Prestar atenção à postura, ao ler. Não se deve ler dobrando o corpo sobre o livro. Os olhos é que devem alcançar o texto. Por isso a importância de ler, reler e tornar a ler antes de apresentar-se para a Leitura propriamente. A postura mostra a vinculação com o texto e a assembleia reunida no Senhor.

Esses cuidados mínimos são indispensáveis, pois vão ajudar a Comunidade reunida a mergulhar no mistério da Palavra, pois é o próprio Senhor que fala à Comunidade reunida. Negligenciar-se esse momento é recusar a condição desse Ministério, e assim se corre o perigo de "o mensageiro ser mais importante que a mensagem!"

O SILÊNCIO LITÚRGICO. O silêncio litúrgico ou silêncio orante é muito importante e indispensável na Liturgia. Ele tem fundamento bíblico, silêncio mistérico, que nos encanta e nos faz compreender a ação divina. Foi assim em Pentecostes, como também quando o Senhor se revelou a Elias (At 2,1-11; 1Rs 19,11-13). Em Pentecostes, o **ruah divino** – o sopro, a ventania – manifestou a presença do Espírito Santo junto dos discípulos e de Nossa Senhora.

Deus nos fala no silêncio. Há muito barulho em nosso mundo, não apenas de sons externos, mas também barulho interior, que não deixa a pessoa se encontrar como criatura de Deus. Assim, se nossas Liturgias são barulhentas, elas não nos permitem encontrar com Deus nessa ação salvífica, a Eucaristia. Portanto não resta dúvida de que o silêncio é imprescindível, fundamental, em nossas reuniões celebrativas. O silêncio litúrgico é para percebermos a ação divina em nós, na qual o Deus da vida nos faz sentir seu amor, sua luz, sua bondade. É preciso encontrar-se com Deus para encontrar-se consigo. Certos desencontros pessoais acontecem por faltar o encontro com Deus. O silêncio nos faz mergulhar no mistério de sua presença em nós e entre nós.

O silêncio litúrgico não pode ser entendido como inércia, mas como ápice da oração, da contemplação, da quietude, que nos faz encontrar com Deus. Aqui é bom recordar que o silêncio musical significa executar uma melodia que ajude a permanecer em silêncio, adentrar a meditação, como certos mantras. Que há muita fala em nossas Liturgias nós mesmos podemos constatar. Falar é importante, mas falar demais é defeito que precisa ser corrigido.

O Concílio Vaticano II realça o silêncio como modo importante na Liturgia e forma plena de participação. Em outra palavra: o silêncio conduz para dentro do espírito da celebração que se realiza. Os fiéis não são espectadores mudos, mas participantes, são corpo celebrativo. Assim nos diz a **Sacrosanctum** Concilium: "Para fomentar a participação ativa, promovam-se as aclamações dos fiéis, as respostas, a salmodia, as antífonas, os cânticos, bem como as ações, os gestos e as atitudes corporais. Não deve deixar de observar-se, a seu tempo, um silêncio sagrado" (SC 30).

Não podemos nos esquecer de que o próprio Cristo buscou, muitas vezes, estar em silêncio, para falar com o Pai, para compreender sua missão e em tudo cumprir a vontade divina. O silêncio é caminho de santidade.

Oração: Senhor, nosso Deus, vós nos falais bem no silêncio de nosso coração humano, tão frágil e tão inseguro. Vós nos tirais dos mais profundos abismos e nos resgatais para a vida. Vossa bondade permanece conosco a vida inteira e nos faz experimentar já, aqui na terra, o céu. Amém.

3

LITURGIA EUCARÍSTICA

Reviver agora o mistério pascal!

"Não somos nós que transformamos Jesus Cristo em nós,
como fazemos com os outros alimentos que tomamos,
mas é Jesus Cristo que nos transforma nele."
(Santo Agostinho)

Terminada a **Liturgia da Palavra**, em seu último ato, que é a **Prece da Comunidade** (que deve ser feita na Mesa da Palavra e não em outro lugar), inicia-se a **Liturgia Eucarística**, em um grande diálogo entre povo e Senhor, entre Senhor e seu povo. Agora falamos com o Senhor com nossas palavras e com os gestos que realizamos sobre o altar.

Desde a Quinta-feira Santa, quando Cristo, reunido com os Discípulos, instituiu o Sacramento da Eucaristia, a Santa Missa, jamais a Igreja deixou de celebrar esse sacramento memorável. Nele está todo o mistério de nossa salvação, pois o próprio Cristo nos entregou sua própria vida. No altar da redenção, encontramos a vida em plenitude, porque um Deus nos ofereceu infinita dádiva de amor.

Em cada Eucaristia de que participamos, precisamos abrir os olhos e perceber essa mesma realidade ou acontecimento da Quinta-feira Santa. Não são os olhos da razão que nos fazem enxergar o que se realiza no altar, mas os olhos da fé. Mesmo que nos seja importante a razão, ela não pode explicar o que se dá no âmbito da fé. Por isso dizemos: "Onde termina a razão começa a fé".

a) Apresentar os Dons

A Liturgia Eucarística inicia-se com a apresentação dos dons. Reconhecemos Jesus na Palavra ouvida, e agora o reconhecemos sobre o altar, lugar em que o Senhor se despoja inteiramente; nada para Ele, tudo para nós. É o amor-*kenosis,* despojamento total, completo. Só esse pensamento já nos é suficiente para meditar muito tempo. "Como um Deus pode despojar-se tão intensamente, completamente, por amor a nós?" Por isso Santo Agostinho vem nos expor, de modo tão clássico e implicante, o sentido da oferta dos dons, em reconhecimento ao imenso amor de Cristo por nós: "Tens em ti mesmo matéria para a oferta... Não faltem em ti os sacrifícios de louvor" (Santo Agostinho).

Há vários modos de se fazer a entrega dos dons. Mas o mais autêntico é sair do lugar onde se está e caminhar em direção ao altar para ofertar. Esse gesto implica o sair de si para ir ao encontro do outro. Quando Santo Agostinho nos diz que não nos falta matéria para ofertar, significa que temos o amor-partilha enraizado em nós. Mas, se eu o isolo de mim mesmo, não haverá efeito algum, nem em mim, nem na Comunidade. Assim, a *apresentação dos dons envolve a pessoa* e não somente os dons que serão apresentados. No princípio, os fiéis traziam os dons de suas casas, o que não acontece mais em nossos dias. O Pão e o Vinho eram trazidos de casa, como também outras ofertas, para serem partilhados com a Comunidade e os pobres. Embora em nossos dias há um outro modo de se realizar esse momento litúrgico, ainda permanece o mesmo SENTIDO.

Qual a Espiritualidade que brota desse momento? Certamente, podemos resgatar muitos sentidos importantes, mas destaca-se o **sentido da partilha e da ética** que há nessa partilha.

O altar deve nos levar para a vida de comunhão com os irmãos. Foi assim que Jesus fez, e Ele é o altar. A comunhão que recebemos nos traz o sentido profundo da comunhão com Cristo, alimento da vida eterna, mas profundamente também a comunhão com os irmãos. Por isso esse momento das Oferendas está eticamente ligado à preocupação, de fato, com a vida dos irmãos. Se assim não for, acho que perdemos todo o sentido da Eucaristia. A memória redentora de Cristo não é ato isolado, mas de comunhão com a humanidade: "**Fazei isto em memória de mim**".

Desse modo, *fazer a oferta é aprofundar-se na dimensão da ética, da partilha, da vida de comunhão, da preocupação com a realidade da vida do outro*. De fato, Santo Agostinho tem razão ao nos dizer que *temos a matéria*, pois, se somos pessoas de fé, só podemos estar ligados ao sentido da comunhão-partilha entre irmãos. É isso exatamente que acontecia nas Primeiras Comunidades cristãs quando se reuniam em torno dos Apóstolos. Basta ler os "Atos dos Apóstolos".

Caminhar para o altar, levando as ofertas, é carregar nas próprias mãos o sentido da comunhão entre irmãos, é levar o próprio irmão e oferecê-lo ao Senhor, pois já o ofereceu no coração, ao se dispor a partilhar com ele a vida e os dons. Se a oferta não brotou primeiro dentro de nós, será apenas um gesto externo e que precisa ainda ser compreendido mais profundamente.

Para a oferta ser autêntica, não pode haver ódio no coração – que adianta levar a oferta, se não há nem um pouco de esforço para estar em comunhão com o irmão? –; a ética da comunhão é mesmo imprescindível para a autêntica oferta ao Senhor. É o que nos diz Jesus: "Deixa tua oferta lá diante do altar e vai primeiro fazer as pazes com esse irmão e depois volta para fazer a oferta" (Mt 5,24). Não há, pois, oferta sem amor ao irmão ou à irmã.

b) Oferecimento – Oferta do altar

Ao caminharmos para o altar, levamos a vida em nossas mãos e a depositamos sobre o altar, como "sacerdotes" verdadeiros, pois nossa existência é um dom divino.

O Pão e Vinho são levados ao altar. Foi isso que Jesus fez naquela Ceia: Tomou o pão! Tomou o vinho! Deus graças! Partiu-o! Que beleza e profundidade! Não é um gesto comum, nem poderia ser.

Aqueles que estão ali servindo ao altar, mesmo que sejam duas ou três pessoas, representam autenticamente toda a assembleia reunida. Não é um ato isolado, para ser apenas assistido. É participação de toda a assembleia, portanto, da Igreja como Corpo de Cristo.

O sacerdote toma o Pão e diz: "Bendito sejais, Senhor, Deus do universo, pelo pão que recebemos de vossa bondade, fruto da terra e do trabalho humano, que agora vos apresentamos, e para nós se vai tornar pão da vida".

Faz-se o mesmo com o Vinho: "Bendito sejais, Senhor, Deus do universo, pelo vinho que recebemos de vossa bondade, fruto da videira e do trabalho humano, que agora vos apresentamos, e para nós se vai tornar vinho da salvação".

Normalmente, o sacerdote reza quase que silenciosamente essa bendição, porque se canta o "Cântico das Oferendas" – que também pode ser dispensado –, por isso seria bom, em algumas ocasiões, rezar com voz alta para que toda a assembleia participe, respondendo: "**Bendito seja Deus para sempre**". Parece-me que esse modo de celebrar o momento ofertante está sendo muito pouco usado. É pena, pois poderia enriquecer muito a Comunidade, e uma breve explicação muito ajudaria a participação da assembleia.

Qual é a beleza desse momento? **É o bendizer ao Senhor!** Não se bendiz ao pão e ao vinho, mas ao Senhor. Foi o Senhor que fez crescer a semente do trigo para que tivéssemos o pão. Foi o Senhor que fez crescer o cacho de uva, para que tivéssemos o vinho. Ele é o Senhor da criação, de todo o universo.

Os dons são colocados sobre o altar, não porque o Senhor tem necessidade, mas sim para que o Senhor os abençoe. Assim nos diz Santo Irineu de Lião: "Ofereçamos a Ele (Deus) não como a alguém que está tendo necessidade, mas dando-lhe graças por seus dons e santificando a criação" (Irineu de Lião, Paulus, SP, 1995, Coleção Patrística, 4).

c) Bênção do PÃO-VINHO

O sacerdote reza, na apresentação dos dons do pão e do vinho, que eles "vão se tornar PARA NÓS pão da vida e vinho da salvação". Pela oração, pois, a "**bênção é para nós**"; somos aqueles que vão receber a bênção do Senhor, destinatários da bênção.

Aqui está a radicalidade de tudo o que celebramos. O Senhor volta-se para nós, volve para nós seu olhar, seu coração; por causa de seu amor nos dá toda a atenção. Como é bom saber que é assim que o Senhor nos trata!

Prestamos, pois, muita atenção, porque nesse momento não é o OFERTÓRIO, e sim a APRESENTAÇÃO dos dons, que estão sobre o altar e são abençoados. O **ofertório** se realiza, de fato, após a consagração do pão e do vinho, na sequência da Prece Eucarística, com estas ou semelhantes palavras: "Nós **vos oferecemos**, ó Pai, o Pão da vida e o vinho da salvação...".

Compreendamos a grandeza que há na apresentação dos dons e o inconfundível amor do Senhor por nós, manifestado em sua bênção. Quanto mais compreendemos o mistério da Eucaristia, mais nos aproximamos do Cristo e da salvação, que Ele inaugurou no meio de nós. É o mistério da salvação se realizando aqui e agora, entre nós.

Abençoar os dons sobre o altar é santificar toda a obra da criação de Deus. Será que vamos poder continuar rezando assim? Imagino que, destruindo a natureza como estamos, amanhã teremos de pedir perdão porque ferimos os dons divinos e agora não temos o que oferecer ao Senhor. Essa realidade de ferir a criação divina é mais séria do que imaginamos. O grito da natureza chega até o céu.

Observemos ainda que o **pão** é o símbolo da fartura de alimentos ou da falta deles: "Eles não têm mais pão! Falta-lhes o pão...", expressões culturais que indicam a presença da fome, da miséria... O pão sustenta nossa existência!

O **vinho** também vem carregado de sentido, mesmo que não expresse o mesmo sentido do pão. Ele traz o sentido da gratuidade e da festa. Há sempre o vinho nas festas em nossas famílias, Comunidade etc. Ele é importante, pois também serve para acolher, manifestar a amizade e daí em diante. Ele é sinal de coparticipação, de partilha. Vem para humanizar, pois partilhamos o alimento entre nós, compartilhamos a vida, a festa, o sonho. O difícil é aceitar que o irmão, que plantou o trigo e a uva, fez o pão e o vinho, não seja convidado para a festa! Há partilha em nossa sociedade? Sem essa verdade da compaixão e da partilha será que estamos, de fato, celebrando o mistério eucarístico? É preciso nos avaliarmos sempre nesse sentido.

A autenticidade da fé nos faz reconhecer que tudo o que produzimos ou realizamos com nossas mãos é causa de partilha, compaixão, doação... O egoísta nunca acha que tem o suficiente ou necessário, por isso não reparte nem o mínimo, nem o necessário.

VIVIFICAR A FÉ

No **oferecimento** do pão e do vinho, a bendição se dirige a nosso Senhor, e os melhores sinais que podemos trazer para o altar são o pão e o vinho. O toque pleno que há nesse gesto é a comunhão de irmãos. Não há oferta, se não houver comunhão e partilha de vida com os irmãos. É preciso vencer as barreiras da inimizade e das injustiças, que nos separam como irmãos. Por isso há verdadeira oferta se houver, de fato, a comunhão e reconciliação presentes. Como ofertar se há irmãos passando fome? Seria melhor ir ao encontro dos irmãos, ajudá-los a saciar a fome e a sede, recuperar-lhes a dignidade e depois ofertar... Na oferta, não devem estar só as oferendas, mas também a pessoa; não há como agir de outro modo.

Pão e vinho, frutos da terra, são uma bela expressão na Liturgia. Quase que passa despercebida de nós essa realidade, e talvez até do próprio sacerdote. Para haver o pão e vinho, foram necessários o trabalho e a arte. Sim, a arte! A terra precisa ser preparada, para depois ser lançada a semente, que vai germinar o trigo; é necessário cuidar dele para crescer e, depois, colhê-lo, prepará-lo, para moê-lo, fazer farinha, fazer o pão. Quanto trabalho! E o pão feito de tantos modos e jeitos enfeita as padarias e enriquece o altar, o oferecimento, a entrega, a gratidão, o louvor: "**Isto é meu corpo**".

A mesma coisa acontece com o vinho. O homem planta a videira, cuida durante muito tempo, anos até, para depois ver frutificar o cacho, sua cor, seu amadurecimento. Depois, vai "pisotear" para esperar o tempo certo, para poder dizer: "Eis o vinho!" Quanta arte, cor, sabor, alegria que traz! É festa! E no altar a riqueza da fé, da entrega, da doação: "**Isto é meu sangue**".

São benditas as mãos que se elevam para ofertar, depois de todo esse caminho percorrido pelo trigo, pela vinha, que agora são oferecidos ao Senhor. Do Senhor tudo nos vem, nada podemos fazer ou oferecer sem sua graça e bondade.

Aprendamos a cuidar e a realizar o que nos ensina o oferecimento no altar. Precisamos superar o pensamento de oferecer "matéria" e aprender a oferecer doação, amor, partilha, entrega, solidariedade, resgate, encontro.

A Eucaristia é o Pão do domingo, de cada dia da semana, do amanhecer ao anoitecer; ela será o Pão, que nos alimenta, Pão da vida.

Quantas vezes estamos cansados, e até desanimados e encontramos o alento necessário nesse Pão bendito do altar. Feliz quem dele se alimenta, pois estará bem nutrido para a longa caminhada da vida. E, mesmo em meio às intempéries, encontrará a força necessária para superá-las.

Esse Pão nos sustenta aqui e agora e nos faz perceber ou "ver" o Deus, que está presente em nossa história, abrindo nossa mente para que não sejamos alienados, alheios aos fatos e acontecimentos que nos rodeiam.

Oração: Senhor, nosso Deus, com a força de vosso amor transformastes o pranto em festa, meus farrapos em adornos de alegria. Nós vos agradecemos, ao som dos instrumentos e com alegria, no canto, na voz e na oferta que vos entregamos. Amém.

4

PRECE EUCARÍSTICA – ANÁFORA

Elevar ao Senhor o louvor, o sacrifício, a gratidão!

"Não há diferença alguma em dar ao Senhor e dar ao pobre, pois Ele mesmo disse: 'quem dá a estes pequenos é a mim que dá'."
(São João Crisóstomo)

"Os ritos resplandeçam por sua nobre simplicidade", ensina-nos a *Sacrosanctum Concilium* (SC 34). Há um grande e belo diálogo no início da Oração Eucarística. Na verdade, nós estamos sempre à procura da fonte que jorra a água para nossa vida e para a vida eterna. Foi assim no encontro de Jesus com a samaritana (Jo 4,1-42), pois ela viu em Cristo a fonte da vida. Certamente, não compreendeu tudo, mas viu que em Cristo havia algo diferente, muito mais intenso. Deveríamos ter essa mesma reação ou esse mesmo sentimento em cada Eucaristia de que participamos. Temos ainda de caminhar bastante, mas chegaremos lá.

A **primeira saudação** vem nos lembrar a presença de Cristo entre nós:

— O Senhor esteja convosco.
— Ele está no meio de nós.

Sua presença é viva, real. Recordamos quando Ele nos disse: "Onde dois ou três estão reunidos em meu nome, ali estou eu no meio deles" (Mt 18,20). Somente podemos realizar um ato de fé se o Cristo estiver mesmo presente. Nós não estamos realizando um ato humano, mas um ato de fé, mesmo que nós que ali estamos sejamos humanos. Por seu amor, o Senhor se faz um junto de nós, pois sabe que fomos criados à imagem e semelhança de Deus e somos seus irmãos. Portanto essa saudação é sublime e nos aproxima da pessoa de Cristo.

A **segunda saudação** é imensamente significativa:

— Corações ao alto.

— O nosso coração está em Deus.

Se Ele está no meio de nós, somente podemos elevar o coração até Ele, elevar nossos sentimentos, nossos desejos e, principalmente, nossa grande ação de graças, pela certeza de seu amor e de sua misericórdia. A celebração da Eucaristia significa caminhar ao encontro da paixão, morte e ressurreição de Cristo. Somente nele, no projeto do Reino, que Ele implantou entre nós, podemos, de fato, erguer o coração ao alto. Eucaristia não é espetáculo, é a grande ação de graças de todo o povo de Deus e de toda a Igreja. Aquele que "abaixou seu coração, lavando os pés dos discípulos" (Jo 13,1ss) nos chama para ter a vida nele. "Corações ao alto" significa erguer-se e também reerguer-se nele. Ele se rebaixou – *kenosis* – para nos reerguer. Vai até onde não pode mais haver vida, onde achamos que tudo terminou de fato, para nos reerguer para a vida, por isso rezamos na Profissão de Fé: "Desceu à mansão dos mortos...", sim, para nos arrancar da morte. Se nosso coração está em Deus, ele só pode estar voltado para o alto, para aquele que levanta em seu amor misericordioso. Misericórdia infinita encontramos na Pessoa de Jesus, e não em outro lugar.

A **terceira saudação** volta-se para o que estamos celebrando e que deve morar em nosso coração: a ação de graças. A Comunidade-Igreja reconhece o benefício que recebemos de Cristo: Nossa salvação.

— Demos graças ao Senhor, nosso Deus.

— É nosso dever e nossa salvação.

"Bendize, ó minha alma, ao Senhor, e não te esqueças de nenhum de seus benefícios", diz o Salmista (Sl 103,2). Se de fato acreditamos na bondade de Deus para conosco, para com a humanidade, só podemos e devemos *dar graças ao Senhor*; é nosso dever, nossa obrigação, nosso reconhecimento sincero dos benefícios recebidos de Deus.

No mistério da Eucaristia é grande o agradecimento, pois somos uma Comunidade reunida no Senhor e, além dos motivos da Comunidade, temos também nossos motivos pessoais para agradecer. Não somente motivos "grandes", mas também os simples, pois, no decorrer da vida, temos muito para agradecer.

O melhor jeito de agradecermos é por meio da Eucaristia, a ação de graças por excelência. "Em todas as ocasiões, dai graças a Deus. Essa é a vontade de Deus a respeito de vós em Cristo Jesus" (1Ts 5,18).

Portanto é grande e belo o mistério que celebramos. Esse início do Prefácio eucarístico já nos põe dentro do espírito de agradecimento, de bendição ao Senhor, pelos incontáveis benefícios recebidos, e completamos, no final do Prefácio, aclamando ao Senhor, que é Santo, Santo, Santo, Senhor Deus do universo, o céu e a terra proclamam vossa glória, hosanas, hosanas, milhões de louvores, de agradecimentos. Hosana nas alturas, milhões e milhões de louvores àquele que vem do céu, que vem em nome do Senhor.

Deixemos que o Espírito Santo nos conduza em cada celebração e nos ajude a descobrir a grandeza da fé, do Reino, do amor de Cristo, que celebramos ali, juntos, unidos em Comunidade, em família de Deus.

a) A Oração (prece) Eucarística

A **Oração Eucarística** é o cume, o ponto mais alto da Liturgia, pois tem em sua centralidade a Pessoa de Cristo. As **Orações Eucarísticas** – pois são 14 Preces no Rito Romano – podem ser chamadas também de **ANÁFORAS**, que significa **elevação** ou **elevar-se** (enviar para o alto, oferecer), elevar ao Senhor o grande louvor ou o sacrifício. Permaneçamos com esse sentido da palavra **anáfora**, pois ela tem uma amplitude maior de sentido e de significação.

A Oração Eucarística ou Anáfora é a oração central da Eucaristia, que o sacerdote dirige a nosso Senhor em nome da Comunidade. Bendiz ao Pai oferecendo o sacrifício da Cruz e pedindo que o Espírito Santo torne eficazes a presença e a doação de Cristo a nosso favor, a favor da Comunidade, da Igreja.

Como é belo o que se realiza no altar! Que grandeza e nobreza sem medida! O olhar da fé nos mostra que o céu está aqui, sobre o altar, e o quanto o Cristo é apaixonado por nossa humanidade, despojando-se para nos dar de novo sua vida, sua redenção. Será que há algo mais sublime do que isso, um Deus, que se derrama de amor redentor por nós, pela humanidade? Só os estultos não percebem isso.

Lembramos rapidamente que a Oração Eucarística, na Igreja católica, era apenas uma, chamada de Canon Romano (Oração Eucarística I). Permaneceu durante vários séculos, praticamente desde o século IV. A grande novidade ocorreu em 1968, quando o Concílio Vaticano II permitiu novas Orações Eucarísticas, as quais podemos conferir no Missal Romano. Acrescentaram-se novos Prefácios, embora já houvesse uma variedade deles, mesmo que até então fosse apenas o Canon Romano.

Para esse momento e por causa do objetivo do assunto que expomos, não cabe aqui avaliarmos e analisarmos para compreendermos cada Oração Eucarística ou Anáfora, mas as citamos para que possamos perceber o quanto fomos crescendo como Igreja, na compreensão do mistério celebrado, desde a Quinta-feira Santa, em que Cristo instituiu tão sublime sacramento. Nesse grande louvor de toda a Igreja, de todo o povo de Deus, tanto nos **Prefácios** como na **Oração Eucarística**, notamos o dom da salvação presente em nossa história. É uma Prece celestial, da eternidade, mas que tem um olhar sobre nossa realidade humana. O Deus de Jesus nos faz compreender que Ele está sempre presente junto de nós, por intermédio de seu Filho.

Que bênção são as mãos sacerdotais que se elevam para oferecer. O Senhor os fez dignos dessa nobreza, quando pediu aos discípulos "que fizessem a mesma coisa que Ele fez, em sua memória".

A Espiritualidade nos faz cuidar bem da Liturgia, de sua implicância na realidade celebrativa. Sendo mistério de comunhão, os que participam nos Ministérios e serviços precisam saber o que vai ocorrer na celebração. Cantores, Ministros da Distribuição da Sagrada Comunhão, Leitores, Coroinhas precisam estar em sintonia, em harmonia. Quando tudo ocorre em harmonia, a celebração torna-se mais autêntica e edifica todo o Corpo de Cristo, a assembleia reunida. Quando tudo fazemos para celebrar bem, não com exterioridades, mas com interioridade, edificamo-nos realmente.

Temos de penetrar o Mistério que celebramos. Mistério aqui não significa não saber, não conhecer. Para a cultura grega, da qual temos ainda muitos resquícios, mistério é mistério e pronto, não é possível de modo nenhum conhecê-lo. A medida grega é a da razão.

Para o hebreu, portanto, para a cultura hebraica, mistério pode ser conhecido, porém é mistério porque não podemos conhecê-lo completamente. Assim, sabemos que Deus ama seu povo, que a Eucaristia é Jesus, que Ele está presente e se dá no pão. Aceitamos e acreditamos que tudo isso se realiza entre nós, porque Deus nos ama. Seu amor é um mistério, pois Ele não precisa de nós para ser feliz. Por isso, na cultura hebraica, é possível conhecer o mistério por meio da fé. Assim a "razão não tem razão".

b) Doxologia

Do grego – **doxa** (glória/honra) e **logos** (palavra); portanto, **palavra de glória**. Essa palavra não é tão comum entre nós, mas é bom conhecê-la, pois nos faz compreender, imensamente, a conclusão da Oração Eucarística.

A doxologia (momento de louvor, de honra, de glória) é indispensável. É o grande momento de louvor e gratidão ao Pai, com Jesus: "Por Cristo, com Cristo e em Cristo, a vós, Deus Pai todo-poderoso, na unidade do Espírito Santo, toda honra e toda glória, agora e para sempre".

Aqui a assembleia reunida, como verdadeira Igreja de Cristo, eleva (anáfora) seu louvor ao Pai. É o grande hosana, a cristificação do universo, que é elevado, oferecido ao Pai, por intermédio de seu Filho. Esse momento não pode faltar jamais, pois nele se dá o grande AMÉM da Liturgia. O povo responde e deve responder com alegria, com entusiasmo, com veneração. Será que é isso que vemos em nossas celebrações? Certamente aqui o presidente deve ser o grande motivador, esclarecendo e ajudando o povo a celebrar condignamente esse momento.

A doxologia no final da Oração Eucarística é como a grande Liturgia da multidão diante do Cordeiro: "Vi uma multidão imensa de gente de todas as nações, tribos, todos os povos e toda língua. Estavam de pé diante do trono e diante do Cordeiro, vestidos de branco e com palmas na mão, e gritavam bem alto: A salvação pertence a nosso Deus, que está sentado no trono, e ao Cordeiro" (Ap 7,9-10). Como aquela multidão, elevamos ao Pai toda honra e toda a glória em Cristo, agora, e que ressoem eternamente. É belo, muito belo esse momento!

Portanto toda a Liturgia Eucarística culmina na doxologia, quando todos os povos e todas as nações estiverem reunidos diante do Senhor. Até lá, vamos celebrando como Igreja o mistério de nossa fé e da redenção do mundo, com todo o penhor e ardor cristãos.

c) A escolha do PREFÁCIO e da ORAÇÃO EUCARÍSTICA

Julgo importante ter um cuidado na escolha da Oração Eucarística, dentro do espírito da celebração a ser realizada e também da Palavra do Senhor proclamada e meditada. O celebrante ou a Equipe de Liturgia precisam estar atentos e reconhecerem o sentido da Oração Eucarística que será rezada naquela celebração. Assim o louvor e a gratidão são elevados ao céu, com mais fervor e alegria.

Comumente, usa-se a **Oração Eucarística** II, mas há muita riqueza nas **Anáforas** previstas no Missal Romano.

Também é oportuno orientar, conforme o Missal Romano em suas Instruções Gerais, que, diante da variedade dos **Prefácios**, só podemos liturgicamente trocar os Prefácios das Orações Eucarísticas I, II e III. A Oração Eucarística II tem seu Prefácio próprio, mas é permitido trocá-lo, se o momento assim o justificar. O motivo é simples: o Prefácio próprio está dentro do sentido completo daquela Oração Eucarística. Ao se trocar o Prefácio, desfaz-se essa "lógica" ou esse ritmo celebrativo e seu sentido. O Prefácio está consoante com o todo da Anáfora. Basta rezar com atenção a Oração Eucarística V para se ver, de modo claro, como o Prefácio está no corpo inteiro da Oração Eucarística. Trocá-lo desfaz o ritmo orante e o sentido que a Oração tem em si. Por isso são necessárias clareza litúrgica e compreensão do sentido celebrativo. Isso é importante, pois é uma riqueza orante da própria Igreja.

VIVIFICAR A FÉ

É preciso celebrar com intensidade e com amor o mistério redentor de Cristo. O mistério que se celebra não é espetáculo. As exageradas e indevidas pompas e solenidades empobrecem o mistério a ser celebrado. Celebrar com dignidade sim, com pomposidade, não. Por que ficar "preocupado com o guarda-roupa da sacristia" e não com a caridade para com os necessitados? A pomposidade isola o fiel, coloca-o à parte como espectador e não como coparticipante, como deseja a Igreja. Movimentos tradicionalistas andam preocupados com as exterioridades e deixam a desejar na interioridade.

Abertura, acolhimento, compreensão do jeito humano são algumas das perspectivas necessárias nos tempos de agora. A pomposidade não permite entender e muito menos participar do mistério celebrado.

Penso que basta olharmos para o presépio e compreendermos a bela Liturgia que ali se realiza, com a presença dos Pastores e dos Magos do Oriente. Os Pastores entoaram louvores, hosanas – anáforas –, e os magos levaram para bem longe a notícia do nascimento de Cristo. Tudo sem pompas, mas todos profundamente conscientes do mistério daquele Menino recém-nascido. Se houvesse pomposidade, certamente, nem teriam visto o Menino Deus. A pomposidade impede, cega, encobre, faz sombra, porque é o "eu" que está em jogo, e não o mistério da fé. São Francisco tinha muita razão quando jogou para o alto toda a sua soberania, fazendo cair por terra toda a pomposidade. Se não tivesse feito isso, jamais nos lembraríamos dele.

Imagino que dá para percebermos que a Oração Eucarística nos conduz para dentro do mistério, sem pompas, mas com sua espiritualidade muito própria, que nos ajuda a rezar o mistério de nossa redenção. Precisamos resgatar essa espiritualidade em nossas celebrações. A **Oração Eucarística I** nos traz, de modo tão claro e evidente, essa espiritualidade cultual e redentiva, pois nos recorda como o Senhor foi chamando, escolhendo e santificando muitos. Por isso ela traz a lembrança de tantos mártires que testemunharam a fé com a vida. Também as demais Orações Eucarísticas trazem essa mesma seiva cultual e redentiva, de outro modo, com outras palavras.

É uma riqueza incalculável essa herança que temos em nossas mãos. Que beleza tudo isso! No Brasil, temos ainda uma riqueza muito particular, pois não há em outros lugares ou países, que é a resposta nas Orações Eucarísticas. Bispos realmente Pastores do povo tiveram essa preocupação, o que foi aprovado pela Santa Sé, para que o povo tivesse uma participação efetiva, presente, viva. Alguém perguntou a um cardeal brasileiro: "O povo lá no Brasil reza mesmo essas respostas da Oração Eucarística?" E o cardeal brasileiro respondeu: "Ele acha estranho se não as tiver!" Bela resposta, pois realizamos uma Liturgia viva e não rubricista. Particularmente, podemos dizer que são respostas muito belas, significativas e que "sintetizam" cada momento da Oração Eucarística. Quem as elaborou tinha grande afeição, entendimento e amor ao que se celebra.

Oração: A vós, ó Deus de misericórdia, nosso louvor e nossa gratidão, pois vós vos fazeis presente junto de nós, por meio de vosso Filho Jesus. Ele, que nos deixou o sacramento da Eucaristia, em que Ele mesmo está presente no Pão do altar, ensinou-nos, Senhor Deus e Pai, a vos amar com sincero amor. Despertai nosso coração de cristão para celebrarmos com fervor e dignidade tão sublime mistério de nossa redenção. A vós, ó Pai, nosso louvor e nossa gratidão, por meio de Cristo, vosso Filho. Amém.

5

RITOS: COMUNHÃO – FINAL

Comungar o Pão da Palavra e da Eucaristia!

"Se é verdade que tu podes rezar em casa,
não te será, todavia,
possível rezar do mesmo modo como se reza na assembleia."
(São João Crisóstomo)

Inicio aqui com uma pequena, mas fundamental reflexão: "A exclusão do fraco, do insignificante, do aparentemente inútil de uma comunhão de vida cristã pode até mesmo equivaler à exclusão de Cristo, que bate à porta nas vestes do irmão pobre" (Bonhoeffer, D. Vita comune, p. 30).

O RITO da COMUNHÃO, que vai do Pai-nosso até a Oração depois da Comunhão, faz-nos experimentar verdadeiramente a unidade de amor do Senhor, que se faz Pão, alimento que nos sustenta aqui, enquanto caminhamos para a vida eterna.

Ao nos alimentarmos do Pão do altar, da Eucaristia, não podemos ser como antes; pois, se há comunhão verdadeira, há transformação. É impossível alimentar-se do Corpo de Cristo e não fazer parte desse Corpo, como nos lembra Jesus sobre "o ramo ligado ao tronco e que produz fruto" (Jo 15,1-8).

Não há separação entre a Palavra do Senhor e a Eucaristia, e aí está a força da fé, força transformadora da Sagrada Comunhão. Portanto a comunhão acontece desde o início da Eucaristia, e não apenas quando vamos para receber a hóstia consagrada. Por isso o comungante não pode permanecer como antes, pois tanto a Palavra quanto a Eucaristia são eficazes:

— "A Palavra de Deus é viva, eficaz e mais penetrante do que uma espada de dois gumes; ela penetra até dividir alma e espírito, juntas e medulas..." (Hb 4,12-13).

Quando nos aproximamos da "Mesa da Comunhão", não podemos nos aproximar de qualquer modo, como se aproximássemos de uma mesa qualquer. Temos de discernir e temos de saber discernir a partir da fé que o **Pão** é o **Corpo** de Cristo, e o **Vinho** é o **Sangue** de Cristo. Como poderá haver comunhão, se não sabemos o que estamos recebendo?

Há um pequeno escrito de Basílio de Cesareia que nos faz compreender bem esse momento da comunhão. Diz assim: "O que é próprio daquele que come o pão e bebe o cálice do Senhor? Guardar a incessante memória daquele que morreu e ressuscitou por nós (2Cor 5,15). O que é próprio daqueles que guardam tal memória? Não viver mais para si mesmos, mas para aquele que morreu e ressuscitou por eles" (Basílio de Cesareia, Regole morali 80,22, in Opere ascetiche, UTET, 1980, p. 209).

A dimensão da partilha está intrinsecamente ligada ao mistério eucarístico. Se participamos da celebração do mistério, ouvindo a Palavra e recebendo do mesmo Pão, mas estamos divididos, separados, quanto ainda nos falta caminhar? Também se um pobre bate à porta e lhe dizemos: "O que é que você quer?", e não estabelecemos nem o mínimo de diálogo com aquele excluído, como podemos dizer que estamos em comunhão? As atitudes de Jesus foram muito diferentes, basta olharmos atentamente o Evangelho. Não podemos solucionar todos os problemas, mas nenhum de nós está privado de um pouco de paciência e de diálogo com os outros, principalmente os mais rejeitados na sociedade. Se a comunhão não produz efeito em nós, certamente somos culpados ou temos boa parcela de culpa das injustiças na sociedade. Precisamos também reconhecer que são pobres em nossos dias não apenas algumas pessoas, mas países inteiros e até continentes, como a África.

No jogo de interesses políticos e econômicos, domina o estilo de coronealismo com roupagem de Modernidade, em que o menos favorecido não é levado em conta. O pobre, ferido em sua história e dignidade, dificilmente poderá reconstituir-se, pois as promessas feitas a ele geralmente não são cumpridas. Será que os flagelados de Sobradinho já receberam indenização pelo que perderam? Por outro lado, qualquer agência econômica (Banco) recupera-se em questão de dias. Será que há alguma diferença entre lá e cá?

Se menosprezamos a vida, não há comunhão e não podemos comungar – e, "se comungar, estará comungando a própria condenação", lembra-nos o apóstolo Paulo –, pois, se não há lugar para a comunhão com os desfavorecidos, não há comunhão com os privilegiados. O que está em jogo é a vida!

Assim, a Espiritualidade da comunhão é a comunhão do jeito de Jesus, em comunhão com os mais sofredores, e não comunhão decorrente de um ritual bem elaborado e descomprometido com os marginalizados. A Eucaristia não é para ser lúdica nem para justificar o que não dá para ser justificado.

O RITO FINAL não tem a característica de fim da celebração, mas de um reinício, pois é puramente envio para o testemunho de Cristo e de tudo o que ali foi celebrado.

Quando Jesus contou a parábola do Bom Samaritano para aquele doutor da Lei, disse-lhe no final: "Vai e faze o mesmo" (Lc 10,37). O amor não tem fronteiras. Tornar-se omisso ao amor, ao anúncio jamais poderá ocorrer com quem participa da Eucaristia. Quando, no final da missa, o sacerdote diz: "Ide em paz e o Senhor vos acompanhe", significa exatamente assumirmos nossa missão de cristãos, levando para o coração das pessoas, para dentro dos lares e da sociedade tudo o que vivenciamos como assembleia de Cristo, como Igreja, como povo de Deus. É viver a dimensão apostólica-missionária no corriqueiro da vida e dos dias. Assim, o Rito Final aponta nossa missa e nos dá a certeza de que o Senhor está conosco, que nos acompanha firmemente.

Esse é, na verdade, um momento muito sublime, pois podemos sentir bem de perto o quanto o Senhor confia em nós, a ponto de nos enviar em missão, fazendo-nos verdadeiros discípulos-missionários de seu Reino.

Nesse momento, seria tão bom e oportuno os sacerdotes relembrarem para a Comunidade esse compromisso batismal, recordando a dimensão missionária aqui presente. Uma palavra que oriente, apoie e motive certamente trará muito mais benefícios do que simplesmente o cumprimento do rito, pois essa dimensão autêntica do envio pode ficar adormecida.

A Liturgia compreendida e bem vivida é uma grande escola para a Comunidade e todo o povo de Deus. Tomemos, pois consciência do quanto é significativo e importante esse momento do Rito final, na verdade, do envio em missão: *Ite, missa est!* A missa terminou, começou nossa missão!

VIVIFICAR A FÉ

Devemos viver em comunhão e ser no mundo anúncio e missão. Quando comungamos, estamos dispostos a assumir a comunhão entre os irmãos, no mundo, na sociedade. Esse alimento – a Eucaristia é essencialmente alimento, não um alimento qualquer, mas de vida eterna – sustenta-nos na vida e na ação a favor do Reino, a favor do bem. Comungamos o Cristo, Pão da Vida, porque também o comungamos no Pão da Palavra. Dois momentos, **mas uma só comunhão**. Só é possível comungar se participarmos das duas Mesas: a da Palavra e a da Eucaristia. Duas Mesas, mas um só culto, um só ato de amor.

Uma alegria sem tamanho deveria invadir nossa existência no final de uma Celebração Eucarística. Esse "final da Celebração" quer nos levar a compreender que não é o "fim da missa", pois a Eucaristia não termina, continua nas profundas atitudes de fé e de caridade do cristão. Assim deve ser. É continuidade da caridade que o próprio Deus teve para conosco. Ele nos amou eternamente em seu Filho Jesus. O envio sacerdotal, belo envio, ainda temos de redescobrir em nossas celebrações: "Ide, e o Senhor vos acompanhe". "Ide", envio em missão. A Comunidade inteira é enviada, é missionária. Foi o que Jesus disse aos discípulos, naquele dia de sua ascensão ao céu: "Ide e ensinai a todas as nações... a observar tudo o que vos ordenei. E eu estou convosco todos os dias, até o fim do mundo" (Mt 28,19-20).

Cristo está presente em sua Igreja, que somos nós, seu povo, que se reúne na fé em Comunidade, está presente na ação litúrgica sacramental – qualquer um dos sacramentos –, pois Ele é o celebrante, é Ele quem celebra. O sacerdote é ali a "persona christi". Ele está presente em sua Palavra, como na Palavra do envio citada acima, e os discípulos se põem a caminho do anúncio do Reino. Então, quando lemos as Escrituras, ele está presente, lembra-nos o Catecismo da Igreja Católica (CIC). Ele foi chamado de Emanuel, o Deus conosco (Mt 1,23), e o Emanuel quer estar presente junto de nós, da Igreja, até quando durar o mundo.

O **Rito Final** conclui a Celebração, mas não conclui o envio, a missão que devemos realizar como cristãos batizados, no serviço, no testemunho, no anúncio, no diálogo, no encontro, na defesa da vida...

Os sacerdotes precisam despertar-se para esse envio e sempre dirigir uma palavra que aponte o caminho da Comunidade, do cristão, despertando seu Batismo, que significa assumir a mesma missão de Jesus.

Não façamos, pois, da missa um ato que realizamos, mas um ato de amor e de gratidão ao Senhor, que nos envia em missão. Agradecer é também partir, por isso o altar é **ponto de chegada e ponto de partida** ao mesmo tempo.

Oração: Ajudai-nos, Senhor, a vencer tudo o que aprisiona o coração humano. Dissipai as trevas que insistem em permanecer entre nós, tirando nossa liberdade e nossa paz. Fazei-nos vencedores, pois é em vós que depositamos nossa vida. Dai-nos a graça, Senhor, de corresponder a vosso amor, assumindo nosso batismo e vivendo com alegria o projeto redentor de vosso Filho Jesus. Amém.

6

COMPROMISSO EUCARÍSTICO

Eucaristia, força transformadora e libertadora!

"Senhor Jesus Cristo, tu és o pão que vivifica, tu és o pão que nos faz irmãos, tu é o pão que nos dá o pai. Tu és o caminho que nós escolhemos, tu és o caminho que conduz através do sofrimento, tu és o caminho que conduz à alegria. É digno e justo cantar-te, bendizer-te, louvar-te, dar-te graças e adorar-te em toda a parte até onde se estende teu domínio."
(São João Crisóstomo)

Embora o que foi dito até aqui sobre o Mistério Eucarístico foi apenas uma centelha de sua imensidão, imagino que foi possível perceber o significado e a direção, como também a grandeza do mistério eucarístico.

A Eucaristia, ao ser celebrada, não é um ato isolado ou de uma devoção pessoal apenas, ela é a Celebração da Igreja, sua celebração maior, mistério pascal, fonte da vida da Igreja, de sua missão, de seu anúncio do Reino.

Não podemos compará-la como semelhante ou igual a qualquer outra celebração religiosa – A Eucaristia é igual ao encontro do "Grupo de Oração", disseram-me! Isso não pode ocorrer, não tem como comparar. Não se compara, mesmo que este possa fazer bem e ajudar as pessoas a chegarem perto de Deus, porque jamais estarão no mesmo nível. Bem sabemos que ela foi instituída por Cristo, portanto é o SACRAMENTO DE NOSSA SALVAÇÃO.

Pontos pertinentes. Vejamos alguns pontos ou algumas atitudes pertinentes e inerentes ao **compromisso eucarístico**. O primeiro deles é reconhecermos que o mistério de Cristo, mistério salvífico, não está dissociado da realidade em que vivemos.

A pergunta é: já compreendemos que a Eucaristia nos leva à prática da caridade? Se não soubermos o que é caridade, para a qual nos conduz a Eucaristia, é conveniente lermos e meditarmos Mt 5,1-12 e Mt 25,31-46.

Quando eu era estudante de teologia (estudante de teologia, não teólogo), ouvi o professor dos Sacramentos dizer sempre que a Eucaristia **tem uma força incomparável de transformação social** e, como uma procissão, conforme a piedade do povo, **tem uma força revolucionária**, não de armas, mas de consciência dos valores da vida, dos direitos de cidadania, enfim de toda a ética presente na fé e na vida.

A **Eucaristia é vida de comunhão**, isso é certo e inadiável. E toda vida em comunhão tem força invencível, isso é tão certo como o nascer do sol em cada manhã. O cristão não pode jamais se esquecer dessa verdade, a ponto de fazer da Eucaristia um ato devocional em vez do compromisso salvífico. Quando descobrirmos realmente o que é, qual seu sentido salvífico, saberemos o "tamanho" da força transformadora que temos "em nossas mãos".

Nós, sacerdotes, precisamos descobrir o sentido da Eucaristia, com a graça de Deus vamos chegar lá! Quanta preocupação com pequenas falhas em nossas celebrações, motivo para muitos comentários e muitas apreciações! Quanta "bronca" se dispensa nessas horas! Pena! Ainda somos ritualistas!

Perdoe-me, mas aí é uma visão míope da vida, da fé e da própria Eucaristia: ter medo ou insegurança de adentrar a realidade e não ser capaz de responder a ela. Será que não é isso que acontece com aqueles que buscam "segurança" em formas já fosforizadas e até rançosas na Liturgia? Prender-se a um modo ritual, esquecendo-se da pertinência eucarística, é reducionismo do mistério que se celebra.

Claro, não resta dúvida de que a Eucaristia deve ser celebrada com toda a dignidade possível. Não é isso que "está em jogo". O sacerdote deve preparar-se intensamente para exercer esse Ministério serviçal ao povo do Senhor. É grandeza e nobreza, pois ele é chamado pelo Senhor para esse serviço, para esse Ministério. Não somente o sacerdote, mas todos os membros de outros Ministérios litúrgicos – Cantores, Leitores, Ministros da Distribuição da Sagrada Comunhão – formam um corpo celebrativo, e isso só é possível em comunhão entre todos. Os cânticos, às vezes, deixam tanto a desejar, destoam da celebração, talvez porque não se permitiu uma orientação nem a dimensão da comunhão litúrgica (há situações muito tristes nesse sentido, precisamos melhorar...)

Celebrar com toda a dignidade não significa rigorismo, rubricismo ou exaltação clerical (negligenciar outros Ministérios). Trata-se de celebrar o mistério que nos faz acolher a redenção de Cristo aqui e agora e abrir-se à realidade que nos cerca, em que a caridade nos espera.

Abramos, pois, nossos olhos. A fé autêntica abre nossos olhos e nosso coração. Todos os domingos podemos nos aproximar do altar e participar da Eucaristia. Podemos reviver e reafirmar nossa fé em Cristo. Ela também faz renascer em nós a esperança.

Ao fazermos a comunhão com a Palavra e a Eucaristia, nossos olhos e nosso coração precisam se abrir, como aos discípulos de Emaús, que abriram os olhos quando Jesus, diante deles, partiu o pão.

Há desperdício de alimento e milhões de pessoas passando fome e morrendo; há necessitados de pão e de justiça social, de dignidade humana. Só para lembrar uma estatística que nos mostra que há países civilizados que desperdiçam até 25% dos alimentos, que vão para o lixo. A Suécia, país desenvolvido, é um deles.

Há condomínios exclusivos e milhares e milhares de moradores em favelas (Comunidades). Há políticos "cheios de boas intenções", mas estão ao lado dos grandes e poderosos e na defesa dos interesses dos já acumuladores de bens. Os pobres continuam à margem da vida.

A Igreja historicamente é a instituição que mais bem fez socialmente. Basta fazer um levantamento real e justo. Ainda há muitos sinais dessa ação da Igreja em nossos dias. É bom lembrar que o anúncio do Evangelho, o serviço sacerdotal, é um verdadeiro trabalho de promoção e desenvolvimento social, à medida que integra o ser humano na Comunidade e na própria sociedade. Há identificação e ausência de anonimato. Também precisamos nos perguntar: por que há medo e marasmo no anúncio e na ação social da Igreja hoje? Há pluralidade, diversidade, homogeneidade, mas a Igreja tem respostas importantes para as perguntas e angústias do homem, hoje. O papa Francisco é um sinal vivo e transparente dessa resposta que podemos dar à sociedade hoje, seja como cristãos batizados, seja como consagrados.

A realidade humana mostra, porém, nossas precariedades, pois somos seres cercados de contradições. Certa vez, no Canadá, ocorreu uma grande passeata contra a matança de focas no Ártico. Mas uma outra passeata manifestava apoio ao aborto, ao "direito de abortar" – direito de abortar? Será que havia consciência, de fato, de que era a vida, e vida indefesa, que estava em jogo? É contraditório estar deste lado e do outro lado. Certamente, não faltaram cristãos em uma e em outra passeata. Quanta consciência e maturidade verdadeiramente eucarística ainda nos faltam!

Quando não formamos nossa consciência na partilha, no reconhecimento de que tudo o que temos veio de Deus, temos atitudes inconvenientes e até absurdas, principalmente contra a vida. O salmista expressa muito bem: "O homem na prosperidade não compreende, é como os animais que perecem" (Sl 49,13).

Estamos conscientes do sentido do sacramento que celebramos, da prática da ética e da justiça? Parece-me que temos de crescer ainda, buscando o essencial e deixando de perder tempo com insignificâncias.

Temos, pois, como cristãos, uma tarefa muito, muito grande. Seria bom analisarmos se somos devedores de atitudes libertadoras dos oprimidos, ou seja, os que foram colocados à margem de sua dignidade.

Recordamos, ainda, que o Ato Eucarístico autêntico destitui todo individualismo, egoísmo, personalismo. A Eucaristia é essencialmente partilha e não pode admitir a falta de partilha do pão, do alimento, da dignidade.

Conscientes de que a Eucaristia nos leva para a caridade de modo amplo e abrangente, em todas as dimensões humanas, percebamos se estamos tendo "reação eucarística" em nossas Comunidades cristãs; se está havendo esforço para devolver a dignidade usurpada dos pobres e mais frágeis da sociedade.

A Eucaristia não é e não faz o jogo dos mais fortes. A Eucaristia precisa "ser uma ameaça para o mundo", pois, se há o império do individualismo, do personalismo e do narcisismo, ela nos chama à comunhão, à solidariedade fraterna e à justiça do Reino. Se temos um destino comum, por que tais divisões? Sim, a Eucaristia tem uma força transformadora, incapaz de ser contida, e devemos estar conscientes dessa verdade.

A Eucaristia é profecia, é caridade, é solidariedade, é transformação, é salvação, pois é o próprio Cristo entre nós!

Por isso penso que fica bem aqui o pertinente pensamento de São João Crisóstomo, homem eloquente, com uma visão tão real do sentido da Eucaristia. Vejamos: "De que serviria, afinal, adornar a mesa de Cristo com vasos de ouro, se Ele morre de fome na pessoa dos pobres? Primeiro dá de comer a quem tem fome e depois ornamenta sua mesa com o que sobra. Queres oferecer-lhe um cálice de ouro e não és capaz de lhe dar um copo de água? De que serviria cobrir seu altar de toalhas bordadas a ouro, se visses alguém necessitado de alimento e, deixando-o cheio de fome, fosses adornar de ouro sua mesa? Pensas que ele se mostraria agradecido para contigo ou indignado contra ti? E, se o visses coberto de andrajos e morto de frio, e o deixasses sem roupa, e lhe fosses levantar colunas de ouro, dizendo que o farias em sua honra, não pensaria ele que estavas a escarnecer de sua indigência com a mais sarcástica das ironias?" (São João Crisóstomo [sec. V]. Homilia sobre Mateus. Homilia 32).

Deparei-me, em uma de minhas leituras pessoais, com um dito rabínico, que é deveras interessante: "Para Deus foi mais fácil fazer sair os judeus do Egito que o Egito dos judeus". De fato, há quem está a buscar o que não conheceu e diz ter saudade do que não viu. Quando ouvimos dizer que é preciso reviver a missa antiga, verdadeira, refere-se ao rito de Pio V, que teve seu valor em seu tempo. Mas onde está a verdadeira missa? No rito em que se celebra ou na compreensão do que é a Eucaristia? A missa que celebramos hoje, no rito de Paulo VI, pois foi ele quem aprovou toda a reforma litúrgica do Concílio Vaticano II, é, de fato, a missa desde os tempos apostólicos. As adaptações necessárias e indispensáveis não eliminaram o cerne da celebração e do sentido do sacramento pascal de Cristo. Assim, antes de fazer comparações, precisamos compreender o que estamos celebrando. De fato, não é fácil "tirar o Egito de dentro de nós". Precisamos ampliar nossa visão do sentido Eucarístico na Igreja e em nossa vida.

Um cuidado muito especial precisam ter os sacerdotes quando celebram. Não é preciso dizer o quanto é necessária a devida preparação para cada Eucaristia, pois a Palavra é para ser anunciada dentro da realidade em que vivemos; anúncio, denúncia e direção a seguir são pontos convergentes e cruciais em uma pregação. Não se pode dizer muito sem dizer nada; pois é preciso dizer muito, dizendo pouco, poucas palavras. Quem se prepara é capaz disso. Imagino que nisso, talvez, esteja um dos problemas de querer uma volta ao passado, pois as pessoas vão buscar a luz da fé para suas vidas e, de repente, não a encontram. Aí está a responsabilidade de quem tem o dever de presidência. O sacerdote, com suas qualidades e limitações, poderá elevar o coração dos fiéis, e assim eles encontrarão o Deus da vida, que buscam na Eucaristia. Não se trata de serem super-homens, mas sim homens dedicados. São João Maria Vianney é exemplo insubstituível de dedicação e de trabalho incansável junto do povo. Não é o fantástico, o espetacular que vai mover o coração ou satisfazer a busca das pessoas. O fantástico e o espetacular passam, acabam. A fé autêntica e bem transmitida permanece. Viver a Eucaristia continua a ser o caminho para a conversão, para o crescimento na fé e para alcançar a salvação.

7

ALGUMAS PERTINÊNCIAS LITÚRGICAS

Embora o assunto exposto até aqui tenha outro objetivo ou desejo, tomei a iniciativa de trazer alguns pontos referentes mais diretamente à **Liturgia**, algumas atitudes que possam ajudar ou mitigar (diminuir) a celebração.

Algumas observações referentes à Liturgia passo a fazer com o intuito unicamente de poder colaborar para que nossas Liturgias sejam vivas, participativas. Outrossim, não é uma explanação exaustiva, mas somente uma pontuação deste ou daquele aspecto ou das atitudes em uma celebração litúrgica. A Liturgia tem uma finalidade essencial: resgatar a mistagogia da celebração eucarística.

Uma explanação pertinente ou mais ampla seria em outro momento. Espero, assim, trazer um pouco de colaboração para que nossas celebrações sejam mais vivas.

Antes de tudo, devemos compreender que há **quatro elementos fundamentais, muito importantes em um espaço celebrativo.** Todos os que têm um envolvimento na celebração, desde o presidente até o "coroinha", devem estar conscientes desse **espaço litúrgico**. Os quatros elementos são:

1. O ALTAR: nele se realiza o sacrifício de Cristo, a Eucaristia, que Ele instituiu em sua memória e que a Igreja celebra com toda a veneração. O altar é o centro de toda a celebração.

2. A MESA DA PALAVRA: dela é anunciada a Palavra do Senhor para toda a Comunidade reunida. Antes de celebrarmos o sacrifício redentor de Cristo, alimentamo-nos, fazemos comunhão com a Palavra do Senhor. A Palavra deve ser bem anunciada.

3. A ASSEMBLEIA: fomos convocados pela Palavra do Senhor e estamos juntos manifestando a comunhão fraterna, dispostos a ouvir o Senhor, seu ensinamento, sua Palavra, e agradecendo dignamente por meio da Eucaristia. Somos participantes e não espectadores.

4. CADEIRA PRESIDENCIAL: Cristo é o celebrante principal sempre. A pessoa do presidente é um instrumento de Cristo, a ponte, que liga o céu e a terra, a assembleia com o Cristo, em um movimento ascendente e descendente, ou seja, a assembleia escuta o Senhor e a assembleia responde ao Senhor. O presidente atua em nome de Cristo.

Apontamos, apenas apontamos, os quatro elementos fundamentais em uma celebração litúrgica. Para melhor aprofundamento, pode-se buscar esses elementos na **Sacrosanctum Concilium**, ou "Liturgia em mutirão", CNBB, p. 80-82. Na Instrução Geral do Missal Romano, também encontramos orientações como essas e outras.

Concluamos que a clareza desses elementos e de outros momentos litúrgicos ajuda a penetrar o mistério a ser celebrado. Antes de tudo, de qualquer ato dentro da Liturgia, precisamos saber do que realmente se trata, para não ficarmos a multiplicar palavras no altar ou termos qualquer outra atitude que não condiga com o momento e com o todo da celebração.

a) CONSCIÊNCIA e postura no ALTAR

1. Aprender a silenciar: no mundo barulhento em que vivemos, o silêncio é tão importante quanto necessário em muitos aspectos da vida, mas fundamentalmente na Liturgia. O silêncio antes de qualquer celebração é extremamente necessário. Por isso, devem-se cessar conversas, afinação de instrumentos, pelo menos 10 minutos antes do início de qualquer ação litúrgica. Isso nos prepara para o ato celebrativo.

2. Cânticos: o cântico tem uma função importante na Liturgia, pois tanto letra como melodia devem estar consoantes com o que se celebra. O ponto de partida é sempre a Palavra de Deus (Tome o Hinário Litúrgico e observe isso, nos cânticos dominicais). Portanto nenhum cântico litúrgico deve partir do gosto do músico, mas do espírito litúrgico daquele ato de fé na Comunidade. Os cânticos são importantes na celebração, assim como o dom dos musicistas. Eles têm também a responsabilidade de ajudar a Comunidade a rezar, meditar, celebrar... É preciso um mínimo de formação e de consciência celebrativa. É bom e necessário conscientizar-se do sentido e do significado do cântico na Liturgia.

3. Instrumentos musicais: eles são instrumentos, portanto estão a serviço do ato litúrgico. Nenhum instrumento "tem o direito de encobrir a voz" da assembleia, assim é preciso essa sensibilidade dos músicos. Preparar os instrumentos, afiná-los; tudo deve ser feito com muita antecedência. Jamais ficar emitindo sons até instantes antes da missa. Silenciar para que as pessoas possam aquietar-se interiormente e compenetrarem--se no espírito celebrativo.

4. Início da celebração (Procissão inicial): esse momento é litúrgico, ou seja, é parte fundante no início da Celebração, e está carregado de sentido. Vem nos lembrar que Deus está junto de seu povo, que caminha com ele, que se põe a seu lado na História da Salvação, que se realiza hoje, aqui e agora. E o ato do celebrante (e concelebrantes) se dirigindo ao altar, para o ósculo celebrativo, explode de sentido, pois tudo vai culminar na pessoa de Cristo. O Altar ou a Mesa da Celebração são sinais, símbolo do próprio Cristo. E Ele está presente na Comunidade (assembleia) reunida. Seria oportuno que o celebrante e concelebrantes também se reverenciassem com um gesto de inclinação uns para os outros, significando o vínculo que há entre os que circundam o altar. Seria um gesto significativo e importante, pois já houve isso na Igreja, mas se perdeu ou foi deixado de lado.

5. O "animador": é o "nome" que se costuma dar a quem tem o encargo de principiar a Comunidade na dimensão orante, celebrativa e de escuta da Palavra de Deus. É uma presença que tem por missão chamar a atenção da Comunidade para o que se vai celebrar. Não é a "peça" principal, por isso o animador não deve nem pode multiplicar palavras, a ponto de superar a própria Palavra de Deus ou a homilética presidencial. Aliás, silêncio também é essencial na Liturgia. Por isso é bom se preparar mesmo para tal função e, com o mínimo de palavras, dizer tudo o que deve ser dito (dizer pouco em muito é fácil; difícil é dizer muito em pouco). Um defeito não muito difícil de se ver é este: o cântico inicial já é Liturgia, por isso deve estar consoante com o que se irá celebrar (não pode ser o do gosto do músico). Também o animador (aquele que dá a primeira motivação orante) não pode dizer que é para a assembleia acolher o presidente, os celebrantes, ministros... Isso é um ruído litúrgico intenso. A entrada é Liturgia e não recepção de um "corpo" celebrativo – isso fere o sentido litúrgico e a própria Espiritualidade. Por fim, ter todo **bom senso** possível é o melhor que se tem a fazer como "Animador". O altar não é lugar de disputa de poder nem dele devemos ter ciúme. É lugar de serviço, e o maior servidor é o próprio Cristo; todos que estão ali prestando algum serviço ou Ministério estão agindo em seu nome. Na parte que lhe cabe fazer, o animador deve fazer com muita dedicação e muito empenho.

6. Hino de Louvor: o melhor que se faz no Hino de Louvor – que pode ser cantado ou rezado – é não interferir em nada, colocando alguma frase ou algum pensamento, como sendo a motivação indispensável. Pena! É pena quando se diz que "porque fomos perdoados, vamos entoar o Hino de Louvor". Esse hino é antiquíssimo – provavelmente desde o século V – em que exaltamos o Pai e o Filho, a união do Filho com o Pai e o mistério de sua encarnação entre nós. É bem outra a direção do Hino de Louvor, e não podemos ficar no "eu acho" ou "achismos" litúrgicos. A celebração do mistério pascal de Cristo não é um mosaico de tons e temas diferentes. Compreender a celebração desse mistério é fundamental.

7. Preces da Comunidade: momento belo e edificante, pois, depois de ouvir a Palavra, a assembleia torna-se orante, suplicante, falando com o Senhor sobre suas necessidades. As

Preces devem brotar da Palavra de Deus, ouvida e meditada, rezando pela Igreja, por seus Ministros, pelas necessidades da Comunidade e do mundo, por alguma circunstância de âmbito maior. O ideal é que as pessoas participantes fizessem sua prece em voz alta, por isso dizemos Preces da Comunidade ou dos Fiéis, mas bem sabemos que pode não ser conveniente. Por isso, conforme as circunstâncias, isso pode ser feito e de modo muito válido. **UM ALERTA:** vê-se que há Comunidades que fazem as Preces da Comunidade na estante do Animador, quando não é o próprio Animador que a faz. Esse modo de proceder é indevido, pois o lugar por excelência para proclamar as Preces é na "Mesa da Palavra"; as Preces são parte integrante da "Liturgia da Palavra". Diria nestes termos: **"Considerando que as Preces da assembleia fazem parte da Liturgia da Palavra e seguindo orientação do Elenco das Leituras da Missa, n. 31, sugerimos que sejam proclamadas do Ambão ou da Mesa da Palavra".** Certamente, é bom e importante cuidarmos um pouco mais desse momento orante.

8. **Preparação das oferendas:** depois da participação na "Mesa da Palavra", aproximamo-nos da "Mesa da Eucaristia". Duas Mesas, mas um só espírito, uma só celebração. É comum chamar esse momento de Ofertório, mas é incorreto, pois o ofertório verdadeiro se dá após a consagração: "Nós vos oferecemos, ó Pai, o pão da vida e o vinho da salvação, porque nos tornastes dignos de estar aqui...". Não confundir os **termos usados** (inadequados) com o **momento celebrativo**. Como pode-se fazer o início da Liturgia Eucarística sem o cântico (Cântico das Oferendas), certamente é bom e oportuno, ocasionalmente, deixar o presidente rezar a bela oração de preparação do pão e do vinho: "Bendito sejais, Senhor Deus do universo, pelo pão (pelo vinho) que recebemos de vossa bondade, fruto da terra..." O povo responderá: "Bendito seja Deus para sempre". Seria bem viável de tempos em tempos fazer desse modo, para ajudar o povo a penetrar nesse belo mistério. O Animador, nesse momento, não deve multiplicar palavras e mais palavras – deve ser objetivo, claro e conciso. Mais acima, tratamos um pouco do sentido do início da Liturgia Eucarística.

9. Comunicados paroquiais/comunitários (Avisos): eles são importantes porque têm por objetivo gerar a comunhão entre todos na Comunidade. O interesse por minha Comunidade é meu interesse pelo Reino, sem dúvida. Para se dar um comunicado, é preciso estar atento ao seguinte: **O quê – Quando – Onde**, por exemplo, haverá "Encontro para preparação do Batismo", dia 28/2, a partir das 19h, no Centro de Formação Catequética"):

— **O quê:** Encontro para preparação do Batismo.
— **Quando:** dia 28/02, às 19h.
— **Onde:** Centro de Formação Catequética.

Não multiplicar palavras, avolumando o comunicado. Tomar cuidado com os termos etc. Por exemplo, alguém diz assim: "O coral das senhoras da 3ª idade não cantará neste mês de janeiro. A Comunidade agradece" – aqui a interpretação fica totalmente dúbia, e é até ofensiva. Ou ainda: "Se alguém tem filhos pequenos e não sabe, temos um lugar para eles no salão paroquial" – aviso totalmente dúbio. Portanto quem cuida da elaboração de avisos precisa ter uma percepção ou preparação adequada.

10. Participar com dignidade: certamente, há pontos a serem avaliados, mas outras fontes poderão ajudar na preparação para os serviços ou Ministérios dentro da Comunidade. Será sempre necessário aperfeiçoar-se. É preciso compreender o mistério que celebramos, como Igreja de Cristo. Sua memória pascal não pode jamais ser esquecida ou ser celebrada a partir de gostos pessoais. A Eucaristia tem força incomparável, porque é a memória viva da Páscoa de Cristo, no hoje de nossa história. Participemos, pois, com dedicação desse mistério tão belo, tão grande e, ao mesmo tempo, tão simples.

b) OBJETOS e PEÇAS NA CELEBRAÇÃO

Símbolos Litúrgicos: enquanto existir o ser humano na face da terra, ele precisará de sinais. Apesar do grande desenvolvimento técnico da Comunicação, os sinais estarão sempre presentes e nos comunicando o sentido das coisas. Assim acontece na Igreja e na liturgia que ela celebra. Vejamos alguns símbolos importantes e significativos usados na Liturgia Eucarística:

1. **Livros do Altar:** Comecemos pelos Livros do Altar, que são principalmente dois: o **Lecionário** e o **Missal**. O **Lecionário** é o livro que contém as leituras bíblicas, definidas **para cada dia**, para **cada Tempo Litúrgico** e para os **Santos** com leituras próprias, como principalmente os Apóstolos. O **Lecionário** é dividido em quatro livros:

Lecionário Dominical: contém as Leituras próprias dos domingos, Solenidades e Festas.

Lecionário Semanal: contém as Leituras próprias dos dias de semana.

Lecionário Santoral: contém as Leituras próprias dos santos, da celebração dos sacramentos e para outras circunstâncias.

Evangeliário: contém o texto do evangelho para os domingos e solenidades.

O Missal é o livro do altar que contém as orações próprias da missa para cada celebração e para cada Tempo Litúrgico.

É muito importante usar esses instrumentos – ***Lecionários e Missal*** –, pois nos conduzem para dentro do espírito legítimo da celebração que fazemos com toda a Igreja. Eles geram a unidade entre nós.

2. **Igreja:** É bom esclarecer: **igreja** e **Igreja**! **Igreja**, escrita com **I** maiúsculo, significa a Igreja católica, ou seja, que está presente no mundo inteiro, o povo de Deus unido com Cristo. Ela é sacramento do Reino de Deus; e **igreja** escrita com **i** minúsculo significa o local onde a Comunidade se reúne, podendo ser a matriz ou a capela, onde o povo de Deus-Comunidade se reúne.

3. **Presbitério:** é o espaço em torno do altar, normalmente é um pouco mais elevado do espaço reservado para a assembleia.

4. **Altar:** é o lugar onde se celebra a memória pascal de Cristo, a missa, sacramento de nossa redenção.

5. **Mesa da Palavra ou Ambão:** é o lugar de onde se proclamam a Palavra de Deus e a Prece da Comunidade. Por isso não pode ser na mesa da Palavra onde o comentarista coloca "todos os seus papéis". Deve ser reservada só para a proclamação da Palavra de Deus.

6. Estante: é a pequena mesa com certa inclinação, de onde o comentarista se dirige à assembleia. Ela não deve estar bem à altura do povo, salvas as circunstâncias do local (às vezes, isso não é possível), mas jamais no presbitério. Os destaques no presbitério devem ser somente o Altar, Mesa da Palavra e Cadeira presidencial.

7. Credência: pequena mesa que deve ficar em um lugar bem discreto, onde se colocam o cálice, as galhetas com água e vinho, partículas que serão consagradas, a toalha, bacia. Colocam-se nela os objetos litúrgicos.

8. Velas: as velas acesas ao lado do altar são sinais da presença de Cristo ressuscitado, luz do mundo: "Eu sou a luz do mundo, quem me segue não andará nas trevas, mas terá a luz da vida". Na celebração dos outros sacramentos, também tem esse mesmo sentido.

9. Sede: a cadeira própria do Presidente da celebração.

10. Sacrário: local próprio para se guardar a reserva eucarística. As partículas consagradas que sobraram da distribuição da comunhão permanecem guardadas no sacrário. Há igrejas que têm a Capela do Santíssimo, onde fica o sacrário, outras não.

c) OBJETOS LITÚRGICOS DA CELEBRAÇÃO

Durante a celebração eucarística, são usados vários objetos litúrgicos, que você, com um pouco de atenção, irá perceber quais são e como são usados. Outros ficam fixos no altar durante a celebração.

1. Âmbulas: recipiente próprio, onde são colocadas as hóstias pequenas que serão distribuídas para os fiéis ou para conservá-las no sacrário. Também tem outros nomes, como: Cibório ou Píxide.

2. Aspersório: instrumento com o qual se asperge (joga) a água benta sobre o povo ou sobre os objetos religiosos, usado por ocasião de bênçãos ou no Rito Penitencial.

3. Bacia e Jarro: usados para o momento da purificação – lavar as mãos depois da preparação das oferendas.

4. Caldeirinha: é um pequeno recipiente que contém água benta.

5. **Cálice:** vaso dourado, normalmente, onde se coloca o vinho que será consagrado.

6. **Candelabro:** suporte majestoso de riqueza simbólica judaico-cristão que contém sete velas, lembrando a plenitude de Cristo Salvador.

7. **Castiçal:** suporte para sustentar a vela no altar.

8. **Círio Pascal:** é uma vela grande, abençoada, e introduzida na igreja ou capela no sábado santo, e acesa em cada celebração eucarística durante o Tempo Pascal até Pentecostes. Também é usada na Celebração do Batismo ou Crisma.

9. **Corporal:** pequena toalha que é estendida sobre o altar no início da Liturgia Eucarística, na preparação das oferendas.

10 **Galhetas:** normalmente peças de vidro que contêm água e vinho que serão usados na missa.

11. **Hóstia ou Partícula:** é o pão da celebração feito de trigo e água.

12. **Incenso:** é uma resina de cheiro agradável usada nas celebrações solenes e na bênção do Santíssimo.

13. **Manustérgio:** toalha usada pelo celebrante após o lavabo (purificação), depois da preparação das oferendas.

14. **Ostensório:** peça dourada onde se coloca a Hóstia Magna consagrada para a adoração e bênção do Santíssimo.

15. **Pala:** pequena peça de pano, normalmente quadrada e firme, que é colocada sobre o cálice com vinho para evitar que caia nele alguma coisa inconveniente.

16. **Patena:** peça arredondada e normalmente dourada, onde se coloca a Hóstia Magna para a consagração.

17. **Sanguíneo:** pequena peça de pano, usada para a purificação do cálice e da patena.

18. **Turíbulo:** é uma peça onde se coloca o incenso sobre brasas, usado na incensação da Bênção do Santíssimo e de outras celebrações solenes.

19. **Velas:** feitas de uma mistura de cera e parafina, que, acesas, simbolizam o Cristo, luz que brilhou nas trevas; Ele é a luz do mundo.

20. **Véu de âmbula:** pequeno tecido que cobre a âmbula que contém as hóstias consagradas, mostrando cuidado e carinho para com o Cristo presente no pão consagrado.

d) CORES LITÚRGICAS

As cores litúrgicas são carregadas de significados e expressam cada Tempo Litúrgico ou momento celebrativo que estamos vivendo. Quem é que não gosta do colorido que se vê na televisão, ou no cinema, ou nas roupas em uma festa? As cores expressam bem o que estamos vivendo no momento: alegria, tristeza, esperança, paz, ternura, acolhida etc. Também na Liturgia elas dizem muito. Não é para exibicionismo, é para mostrar com fé o que estamos vivendo. E, quando tudo é feito com sobriedade, enriquece e enobrece.

1. **Verde:** simboliza a esperança. Essa cor é usada durante o **Tempo Comum na Liturgia**, ou seja, quando não é nenhum Tempo Litúrgico especial como Advento, Quaresma, Natal, Páscoa. Quando há, dentro desse Tempo, alguma solenidade ou festa, usa-se a cor correspondente.
2. **Branca:** simboliza a paz, a beleza, a pureza, a vitória, a presença, a alegria. Essa cor é usada normalmente no **Tempo da Páscoa e do Natal** e na memória de alguns santos e algumas santas, quando esses não foram mártires.
3. **Roxa:** simboliza a penitência. Usa-se nas celebrações pelos mortos, no **Tempo da Quaresma e no Tempo do Advento**, por serem Tempos Litúrgicos de penitência e de conversão, embora o Tempo do Advento seja também tempo de esperança, pois nos faz refletir sobre as duas vindas de Cristo: no Natal e no fim do mundo.
4. **Vermelha:** simboliza o sangue ou a força do amor, o testemunho do martírio. Usa-se essa cor nas celebrações do Domingo de Ramos, na Sexta-feira da Paixão de Cristo, no Domingo de Pentecostes e na festa do Sagrado Coração de Jesus. Ainda é usada nas festas dos Apóstolos, dos Mártires e dos Evangelistas, pois todos eles foram martirizados.
5. **Rosa:** embora essa cor seja pouco usada, somente no **Terceiro Domingo do Advento e no Quarto Domingo da Quaresma**, quer simbolizar a alegria. E esses domingos são chamados Domingo da Alegria.
6. **Azul:** usa-se nas solenidades e festas de Nossa Senhora, mas é bastante raro, pois predomina a cor branca.

AS TOALHAS: em geral são brancas – a do Altar, a da Mesa da Palavra, da Credência –, mas será sempre bom ter um sinal da cor conforme o Tempo Litúrgico ou a exigência daquela celebração. São riquezas simbólicas que sempre nos ajudam a refletir, por isso não podem ser menosprezadas ou tratadas sem esmero.

e) PARAMENTOS LITÚRGICOS

Paramento é aquilo com que se orna, com que se enfeita. São as vestes litúrgicas que o sacerdote usa nas celebrações. Com a renovação litúrgica do Vaticano II, os paramentos simplificaram-se muito. Eles têm uma força simbólica, "mas não precisamos exagerar em seu uso".

1. **Túnica:** veste litúrgica normalmente branca ou de cor neutra que o celebrante (bispo, padre, diácono) usa para as celebrações. É uma veste litúrgica, portanto cabe a quem vai presidir a celebração usá-la (ou concelebrar). Fora disso, seu uso é indevido.
2. **Estola:** é uma veste litúrgica reservada ao ministro ordenado (bispo, padre, diácono). Os diáconos a usam de modo transversal, simbolizando o poder limitado de seu ministério. O padre e o bispo a usam de modo paralelo ao corpo, simbolizando a disponibilidade integral para o serviço do Reino. É um símbolo sacerdotal por excelência.
3. **Alva:** o mesmo que túnica, com feitio mais longo. Pouco usada ultimamente.
4. **Cíngulo:** pequeno cordão trançado que se usa para prender a alva, normalmente em torno da cintura.
5. **Amito:** um pano pequeno que o celebrante coloca em volta do pescoço.
6. **Dalmática:** uma espécie de "capa" que o diácono usa sobre a túnica e a estola.
7. **Véu umeral ou Véu de ombro:** é um tipo de manto que o celebrante coloca sobre os ombros na bênção ou na procissão do Santíssimo.
8. **Casula:** veste própria de quem preside a celebração (bispo ou padre). É uma espécie de manto que se coloca sobre a túnica e a estola.

Há tantos outros objetos e símbolos litúrgicos que poderiam ser citados aqui. Mas esses já nos dão uma compreensão do uso em nossas celebrações. Veja, pois, que riqueza imensa temos em nossas mãos, riqueza simbólica, que nos ajuda a viver o mistério pascal de Cristo e todo o seu ensinamento. Tenhamos consciência de que, se não tivermos amor, tudo "torna-se um bom espetáculo, mas não nos aproxima de Deus".

Compreender o mistério pascal de Cristo é compreender o tamanho (como se fosse possível medir) do amor de Deus por nós, trazido e vivido por Jesus, seu Filho querido. Por isso a missa é a celebração do mistério maior da Igreja e de cada cristão, realizado em Jesus e por Jesus.

FINALIZANDO...

Santo Agostinho em sua proeminência nos diz: "Não te considerarei no número dos cristãos, até quando não te tiver visto na Igreja de Cristo" (Le Confessioni VIII,2,4).

É impossível concluir com a verdade que não tem limite, é infinita. A Celebração do Mistério Eucarístico não é um ato apenas, é continuidade, ponto de chegada, ponto de partida. É o dinamismo do próprio Reino de Deus, que faz nos encontrar, partir, tornar a nos reencontrar, tornar partir... Por isso esse dinamismo não tem começo e fim. Sempre será recomeço e continuidade.

A assembleia reunida é um sacramento, e como tal deve ser respeitada e amada. Ferir a assembleia é ferir o sagrado presente nela. Ali está a Igreja inteira de Cristo, independentemente se são dez ou dez mil pessoas. Como sacramento tem um compromisso com a história, com o mundo! A Espiritualidade autêntica nos leva para essa compreensão. A assembleia, portanto, não é objetivo, é Igreja participante, comungante, fraterna, unida.

O Concílio Vaticano II compreendeu muito bem essa verdade, por isso vem nos lembrar que "a principal manifestação da Igreja se realiza na plena e ativa participação de todo o povo santo de Deus nas mesmas celebrações litúrgicas" (Sacrosanctum Concilium, 41).

Se nos reunimos em Comunidade, portanto, como assembleia, que é Igreja, nós refazemos a bela experiência do crer de novo e crer de modo novo. Na dinâmica do mundo em que vivemos, onde a "velocidade, rapidez" parecem indispensáveis, é preciso crer de novo e de modo novo. É assim que continuamos provando nossa fé e testemunhando a verdade de Cristo. A fé é provada, pois sempre teremos as exigências inerentes a ela. Ainda mais em um mundo vulnerável e com ideologias dominadoras, tão presentes em nossos dias. A fé nos faz livres, mas é exigente viver a verdadeira liberdade em nosso mundo.

Não podemos nos cansar, não podemos desanimar, não podemos nos tornar amorfos (sem forma) diante da fé que professamos e da realidade que vivemos. Será que o cristianismo perdeu sua força e será que somos os últimos cristãos? Há desânimos em nossas Comunidades, como também sentimos a falta de pujança de uma Igreja comprometida com a realidade da vida. Não podemos voltar ao "casulo", temos de rompê-lo, como o faz com todo esforço uma mariposa para nascer, passando por grandes transformações até alcançar a vida adulta.

Aqui é indiscutível o valor incalculável da **celebração dominical, seja a da Palavra, seja a da Eucaristia**. Sem essa realização, de fato, ficamos em dúvida quanto ao futuro dos cristãos. Viver a fé, celebrar a fé unidos com os irmãos, sentir-se amado por Deus, sentir a força da Comunidade, a ternura e atenção de uns para com os outros, quem poderá substituir fatos tão humanos e, ao mesmo tempo, tão sobrenaturais? A sociedade não nos oferece isso, jamais, porque o "jogo de interesses" é subsequente. No mistério da Eucaristia, estão a **identidade** da Igreja e nossa identidade de cristãos.

Não fiquemos, pois, buscando este ou aquele modelo de Igreja; temos já o que é determinado para nosso tempo, conforme o Concílio Vaticano II. Querer outro modo de ser e de agir, certamente, é regredir, é querer estabelecer uma Igreja estática, descomprometida e defensora de tantas realidades nada promissoras para a humanidade. Há os que se interessam por uma Igreja amorfa, pois aí há favorecimentos de seus intentos. Não basta dizermos o nome de Deus e afirmarmo-nos cristãos, pois são as atitudes que vão corroborar para demonstrar que somos, de fato, cristãos.

Somos conforme rezamos, com certeza! Há nossos pecados e nossas limitações, há o que é preciso ser corrigido, mudado, mas a Igreja nasce e renasce, porque é guiada pelo Espírito Santo. Quando até podemos imaginar que será seu fim, ela renasce com toda a força, pois o **ruah** divino atua onde quer e como quer.

Desse modo só nos é possível ser uma Igreja viva e comprometida na realidade temporal, como nos aponta todos os ensinamentos da Igreja, os papas santos, e um Francisco, com uma vivacidade evangélica, que nos impressiona e nos faz reviver a verdade de Cristo aqui e agora. Negar seu ensinamento e querer outra Igreja é dar um passo atrás, é querer voltar ao casulo!

Sem uma Liturgia viva, carregada da Espiritualidade, que nos faz penetrar o mistério de Cristo, que é celebrado, estamos fadados ao descrédito dos outros e de nós mesmos. É na assembleia reunida que o Espírito de Cristo, refloresce a vida e a alegria, a paz e o compromisso; faz-nos ser uma Igreja viva. Embora se referindo ao ministério sacerdotal e ao sacerdote como **presidente e não oficiante** do Mistério da Eucaristia, diz o papa Bento XVI, valendo também para o cristão batizado: "Na medida em que nós temos interiorizado esta estrutura [da oração litúrgica], penetrados por ela, assimilando as palavras da liturgia, podemos entrar em consonância interior e, assim, não só falar com Deus como pessoas individuais, mas entrar no 'nós' da Igreja que reza. E assim transformar também nosso 'eu', entrando no 'nós' da Igreja, enriquecendo, alargando este 'eu', ao rezar com a Igreja, com as palavras da Igreja, estando verdadeiramente em colóquio com Deus" (Bento XVI, Dialogo com i sacerdote, p. 288).

Por fim, julgo importante dizer que, no encontro da "festa", da "alegria" que há entre irmãos, não podemos primar por emoções apenas, ou querer uma celebração que venha nos dar uma "satisfação psicoemocional". A alegria da Eucaristia é outra, muito diferente. É preciso interiorização, compenetração do mistério, tanto antes como durante sua realização. (É triste quando instrumentos estão sendo afinados e falta apenas um minuto para o padre iniciar a celebração – será que estamos conscientes do mistério que vamos celebrar e da necessidade de sua interiorização?)

A Palavra nos convocou e nos chamou para o acolhimento, para a interiorização. Isso significa atenção da escuta da Palavra, pois é o Senhor quem vai nos falar, vai se comunicar conosco. E Deus não nos fala no burburinho, fala no silêncio e na escuta atenta. Como é importante, fundamental e indispensável esse silêncio interior! É momento de encontro com Deus; se nos encontramos com Ele, encontramo-nos também com nossos irmãos.

Termino este opúsculo, que procurei fazer com dedicação, mesmo diante de minha reconhecida limitação, pensando em ajudá-los a viver com intensidade o mistério da Eucaristia, com as palavras tão acertadas, tão lúcidas do eminente *teólogo Louis-Marie Chauvet,* francês, nascido em 26 de janeiro de 1942, portanto homem experiente na ciência e na vida:

— "No futuro, a Liturgia deverá provavelmente honrar, mais ainda que no passado, a demanda, expressa por uma tendência cultural muito generalizada no âmbito religioso, em favor de uma atmosfera mais orante. Provavelmente, acontecerá que devamos ser particularmente vigilantes para evitar que a atual demanda da 'espiritualidade'– que, ao olharmos bem, apresenta variadas formas – não desemboque, pouco a pouco, em uma liturgia de tipo intimista. Em todo caso, em um mundo onde – para se dizer o mínimo – não seja natural comportar-se como cristãos, os fiéis parecem experimentar sempre mais a necessidade de encontrar, na Liturgia, um lugar onde possam ser estabelecidos ou restabelecidos como 'sujeitos' da fé cristã".

Deixemos que o Espírito, que a tudo renova e nos faz compreender o aqui e agora, conduza-nos, e o Senhor, que educa seu povo, guie-nos nos caminhos litúrgicos, que nos levam à pertença de seu Reino bendito. Vivamos, pois, na gratuidade do amor, como o daquela mulher que ungiu os pés de Jesus, e "a casa inteira ficou cheia do aroma do perfume" (Jo 12,3). A Liturgia é "esse esplendor gratuito, desperdício delicado, mais necessário do que útil", afirma Goffredo Boseli. Assim seja, amém.

Este livro foi composto com as famílias tipográficas Avenir e Cantoria
e impresso em papel Avena 70g/m² pela **Gráfica Santuário**.